Der lieben Frau Mollet
mit allen guten Wünschen
von Maria Semeraro

Basel, 16.12.2005

MARIALUISA SEMERARO HERRMANN

BARNABA ZIZZI
Un pittore riscoperto

Cisternino 1762   Latiano 1828

Presentazione di
VITTORIA RIBEZZI

Nota introduttiva di
ROSARIO JURLARO

SCHENA EDITORE

© 2005 Schena editore, viale Nunzio Schena 177 - 72015 Fasano di Brindisi
ISBN 88-8229-554-0
www.schenaeditore.com

PREMESSA

Cercava notizie su Barnaba Zizzi, pittore sconosciuto ai più, Marialuisa Semeraro Herrmann quando la incontrai per la prima volta, alcuni anni addietro, davanti alla chiesa del SS. Sacramento di Latiano, in un pomeriggio di piena estate.

Era, fin da allora, determinata a trarre dall'oblio l'artista e, là dove la sua dotta e minuta padronanza di strumenti tecnici glielo avesse suggerito, estendere il numero delle opere del pittore anche a tante tele ritenute fino a quel momento di "autore ignoto". Questo la portava a peregrinare per i luoghi in cui le tracce di Barnaba Zizzi erano presenti o si sospettava che lo fossero e vagliare ogni notizia, anche quella che i "non addetti ai lavori", come nel mio caso, potevano fornirle.

Incontrandomi non sapeva, però, di ricomporre anche i tasselli di un mosaico familiare che mi avrebbe consentito di percorrere a ritroso la "storia" della mia "iniziazione" alla pittura a partire da quando, piccolissima, venivo sollevata da amorevoli braccia nella illusione di poter meglio osservare la lunga tela che occupava tutto il soffitto del salone della casa dei nonni materni.

Oscurata per secoli dal fumo di candele e di lumi a petrolio, mostrava solo a grandi linee l'idea dell'artista, mentre suscitava la curiosità di scoprirne il dettaglio. Gli "adulti" mi indicavano il carro del sole, Apollo, Diana cacciatrice. La lettura, forse, non era delle più rigorose e filologicamente corrette, ma bastava a stabilire un trait d'union *tra me e l'ignoto artista, proiettarmi nel mito, costruire e abitare il mio Olimpo.*

L'autore (lo appresi molti anni dopo) si chiamava Barnaba Zizzi.

Da quell'antico soffitto la tela fu rimossa e smembrata. Lo ricorda la Herrmann nelle pagine conclusive del suo lavoro. È l'opera della piena maturità dell'artista, un unicum *(pare), che, almeno nelle due parti oggi accessibili, viene per la prima volta illustrata. Il soggetto affonda nel mito, rivelando un Barnaba Zizzi profondo conoscitore della religiosità pagana e attento alle "nuove" suggestioni della pittura, aderente nella pennellata alla storia rappresentata e abile nell'uso dei colori, finalmente oggi riemersi dopo un accurato restauro. Fase neoclassica di quest'uomo dalla lunga e intensa vita affettiva e artistica, cisterninese per natali e latianese per adozione; un'autorità certo ai suoi tempi per le tantissime committenze avute, per gli incarichi politici ricoperti e la frequenza con chi, all'epoca, aveva un ruolo non marginale nella società. Una vita, la sua, funestata anche da grandi tragedie (la morte di dieci figli sui complessivi venti nati dai suoi due matrimoni), di cui pochissimo si conosce e della quale oggi, dopo la "riscoperta", si vorrebbe sapere di più.*

Vale la pena seguirlo, intanto, nelle sue peregrinazioni artistiche, forse proprio cominciando dall'epilogo, da questo trionfo di paganesimo rappresentato dai dipinti di palazzo De Electis, per spostarci, andando a ritroso, al quadro del committente, quel Piacentino De Electis ritratto con il suo codex, mentre altri volumi mostrano, sullo sfondo, il loro bel dorso in pergamena. Libri di studio e di consultazione, che ancora oggi conserviamo con le immancabili glosse da lui manoscritte. Il trisavolo è in elegante posa; era giurista e letterato, uomo di fede e poeta.

C'è una leggenda familiare legata alla tela: si raccontava che un mio zio, piccolo di età ma già infallibile arciere, aveva preso a bersaglio i bottoni della giacca, gloriandosi della sua mira infallibile. Il quadro fu prontamente rimosso in attesa dell'età matura e... di accurati restauri.

L'interesse pittorico per la mitologia è un portato dell'ultima fase della vita di Barnaba

Zizzi, per il resto interamente votata all'arte sacra e quindi alle tante committenze ricevute per tele destinate a chiese e conventi.

È possibile stabilire un itinerario ideale (o, perché no, anche "turistico") che, segnando le tappe dell'attività dell'artista, ci consenta al tempo stesso di andare verso gli anni giovanili, le suggestioni della scuola napoletana, le ascendenze rinascimentali e barocche. ma ci permetta, ancor più, di visitare i luoghi della sua esistenza, i paesaggi, i centri storici dei nostri paesi così carichi di tempo e di memoria; respirare l'atmosfera dei luoghi del sacro di cui la sua arte si nutrì e ai quali in gran parte era destinata.

Trovano così un inquadramento e una completezza storica le vedute prospettiche di Cisternino, Carovigno, Ostuni, che Barnaba Zizzi, in ossequio certo ad una tradizione iconografica, inserisce, nelle tre rispettive tele celebranti i protettori SS. Quirico e Giulitta, e le due immagini della Madonna del Buon Consiglio. Suscitano altresì un'emozione diversa, se raffrontati tra loro, i temi ripetuti: l'Ultima Cena, il Transito di S. Giuseppe, le tante Madonne dalla dolcezza espressiva, dalle morbide linee di contorno, l'inconfondibile manto azzurro, fino al leggiadro (forse lezioso?) Bambin Gesù, figura, anche questa, familiare che per noi non è stata mai un'immagine devozionale, ma qualcosa di infinitamente più intimo perché legato ai più cari luoghi e affetti.

Con gli anni i toni del pittore si incupiscono la grande, scenografica tela del Giudizio Universale della Chiesa matrice di San Vito dei Normanni ci parla ancora oggi di un Barnaba Zizzi scrupoloso lettore dei testi sacri, conoscitore, certo, della tradizione iconografica specifica, ma anche di un artista-poeta e perciò capace di raccontare emozionando. La sua visione dell'Inferno e delle forze del male richiama tragedie umane sempre attuali e ci riporta all'altra condanna senza appello, la terribilità del *Nemini parco* dello stendardo dell'Arciconfraternita della Morte, nella chiesa di S. Antonio, in Latiano.

Ogni elemento unificante, ma anche ogni particolarità stilistica è sapientemente indagata dalla Herrmann che per ogni dipinto, accanto alla lettura professionale pone digressioni di carattere storico, artistico; approfondimenti filologici ed eruditi; uniti insieme, essi aiutano il lettore a percorrere quel difficilissimo e impervio cammino che è la comprensione di un'opera d'arte.

La Herrmann ha il raro potere di trasmettere interessi e, là dove la pennellata dell'artista è più sicura e la fantasia e creatività lo sorreggono, vale a dire nei suoi momenti di grazia, comunicarci il suo entusiasmo. Non siamo di fronte ad un grande, ella si affretta a dire, ma anche Barnaba Zizzi, nei suoi momenti felici, va "guardato".

Nel suo messaggio pittorico c'è il suo animo; con la guida di Marialuisa Semeraro Herrmann lo sapremo leggere ed essergliene grati.

Latiano, maggio 2005

VITTORIA RIBEZZI

NOTA INTRODUTTIVA

Immeritatamente, lo affermo senza falsa modestia, ritengo che mi sia stata offerta l'opportunità di scrivere una nota introduttiva alla prima biografia di Barnaba Zizzi, pittore di provincia che molto operò con occhi aperti alle innovazioni del suo tempo e orecchi tesi alle voci dei teorici del neoclassicismo alte per screditare l'ormai ripetitivo barocco e contestarlo da Michelangelo a Borromini.

Barnaba Zizzi, come si apprende dalle pagine dell'opera scritta con fede e passione da Marialuisa Semeraro Herrmann, nacque a Cisternino, ora in provincia di Brindisi, nel 1762 e visse per gran parte della sua vita a Latiano, altro paese della stessa provincia, non lontano da Oria, città che nel 1725 aveva dato i natali a Francesco Milizia, audace nel ritenere il Buonarroti artista che «neglesse l'antico, e il bello ideale» e nel definire il barocco come «il superlativo del bizzarro, l'eccesso del ridicolo».

Questa notazione mi è parsa utile per meglio intendere il percorso non inventivo, ma di adeguamento alla cultura sincrona del pittore Zizzi che, operando su committenza di preti, frati e signori di provincia, non poté esprimere, legato come era alle riproduzioni di immagini e stampe proposte per chiese e oratori o saloni e salotti, alcuna parte della sua originalità.

Marialuisa Semeraro Herrmann ha bene evidenziato l'adesione del pittore alla committenza, prima ecclesiastica, poi laica, permettendo con questa ricerca, condotta su itinerari non semplici, di seguire il pittore dalla sua patria natia a quella d'elezione lungo tutta la vita, durata sessantasei anni, e di seguirlo nelle non poche traversie anche familiari quali l'abbandono della sua Cisternino, dei genitori e parenti, dei quali si sa invero poco, la perdita di sette figli su tredici, nati dalla prima moglie Maria Caterina Tomaselli di Francavilla, la morte della stessa all'ultimo parto, il secondo matrimonio essenziale per la crescita dei piccoli, la nascita di altri figli, i tragici riflessi locali della rivoluzione del 1799, la caduta della dinastia Borbone, il governo dei due napoleonidi, la restaurazione e tanto sangue e tanta ferocia tra le fazioni in Latiano.

Vi è nella vita di questo pittore, del tutto sconosciuto fino ai primi anni del sesto decennio del secolo scorso, quanto basta per la stesura di un romanzo.

Un debito non pagato, vecchio di quasi mezzo secolo, verso Zizzi pittore, mi ha anche spinto ad accettare l'invito a scrivere questa testimonianza.

Sulla pagina riservata alla consulenza d'arte e d'antiquariato di un periodico, non tra i più letti, a diffusione però nazionale, capitatomi in mano quando viaggiavo in treno quattro volte al giorno tra Francavilla Fontana, ove ho sempre abitato, e Brindisi, ove fino al 1993 ho espletato la funzione di bibliotecario, mi capitò di vedere per la prima volta la riproduzione di un quadro di Barnaba Zizzi. Un signore che abitava in Oria lo aveva sottoposto al giudizio dell'esperto e ne aveva chiesto la valutazione. Il parere, stampato sotto la riproduzione, non era lusinghiero e il valore commerciale non era dato perché troppo grande era la tela, per giunta rappezzata, e il soggetto strettamente devozionale con la Madonna e le anime tra le fiamme del purgatorio.

M'interessai al caso come per recuperare una creatura abbandonata e a rischio del peggio. Scoperto il proprietario-mercante, trattai l'acquisto per conto della biblioteca "Annibale De Leo" e il quadro divenne inizio di una storia che ha portato felicemente Marialuisa Semeraro Herrmann a scrivere il presente libro: biografia del Zizzi, catalogo delle sue opere autografe e attribuite. La tela della Madonna del Carmine *o del* Purgatorio *scopriva, per me allora, un nuovo pittore tra quelli operanti nella provincia tra i secoli XVIII e XIX.*

L'attribuzione dell'altro quadro che rappresenta i Santi Quirico e Giulitta, *protettori di Cisternino, città rappresentata ai loro piedi, nella cinta delle mura, con buone qualità di paesaggista, fu proposta nel 1976 in* Storia e cultura dei monumenti brindisini.

*Il percorso di Barnaba Zizzi pittore era già tracciato, ma in maniera semplicemente informativa. A Ostuni, ove nella chiesa della Santissima Annunziata scoprendo prima il rilievo in legno di un'*Annunciazione *pubblicata nel 1969, poi gli affreschi di una cappella gotica, vidi del Zizzi, firmata,* L'ultima cena, *o* Cristo che comunica San Pietro sotto la specie del pane, *in quello che era stato il coro inferiore dei francescani. Da Latiano, luogo della più lunga e ultima residenza di Zizzi, proveniva la tela acquistata per la biblioteca di Brindisi. Come si legge anche nel libro di Marialuisa Semeraro Herrmann, questo dipinto aveva fatto parte del soffitto della chiesa di Sant'Antonio fino al 1927, anno della sua ristrutturazione.*

Si può ritenere perciò che la pubblicazione del presente libro realizza un sogno, per me rimasto finora tale, in parte per pigrizia e in parte per mia incapacità. Posso anzi essere felice perché quel sogno oggi è realtà che tanti altri, oltre me, potranno godere.

Per questo, a mio parere, spetta gran merito a Marialuisa Semeraro Herrmann. Lei ha raccolto dell'ignorato pittore quanto ha potuto di documenti, di informazioni, di opere certe e attribuibili. Ha lavorato su un personaggio del quale difficilmente si sarebbe occupato uno storico e ancor meno un critico delle istituzioni. Eppure i non chierici, gli illetterati, quelli dei livelli medio bassi del popolo di Dio, delle comunità laiche furono informati in ogni tempo, come la scienza dell'informazione va scoprendo, dal linguaggio più semplice. Le ripetizioni, simili a quelle usate per le preghiere che spesso deformano e degenerano, passarono l'alta cultura alla popolare che divenne nutrimento, in fase rigenerativa, per le espressioni auliche dei grandi. Scrittori e poeti, ma anche quelli che ebbero i pennelli in mano, spesso assemblarono diverse immagini per immagini nuove.

In tutta la storia di Barnaba Zizzi, incerta è la sua prima formazione. Marialuisa Semeraro Herrmann avanza alcune valide ipotesi alle quali se ne può aggiungere un'altra, spero non peregrina al vaglio della critica; ipotesi che potrebbe suggerire, a chi ne avrà volontà, proficue ricerche in un nuovo inesplorato campo, forse non del tutto inutile da percorrere, ove si potrà intendere meglio il circuito culturale e pittorico dell'alto Salento tra le età moderna e contemporanea.

Barnaba Zizzi da alcuni anni era già in Latiano quando nel 1789 sposò Maria Caterina Tomaselli, figlia di Giuseppe Onofrio da Francavilla. Aveva ventisette anni e l'ambito in cui operava era tra l'artigianato e la Chiesa. Testimone al matrimonio fu il sacrestano Giuseppe de Luca insieme con Vito della stessa famiglia alla quale appartenne Donato de Luca, addobbatore di chiese come quelli che a Francavilla ebbero scuola in concorrenza con la napoletana, sole in tutto il regno, come riferiva uno di quei maestri dell'Irpinia a Giuseppe Cassieri che riportò la notizia in un racconto apparso il 27 agosto 1995 su "La stampa" di Torino.

La formazione di Barnaba Zizzi, per certo verso provata anche dal tipo di fare arte, potrebbe avere avuto origine in quella scuola di pittura che fu in Francavilla già dagli anni Cinquanta del XVIII secolo; scuola sponsorizzata dai feudatari principi Imperiali della stessa famiglia alla quale appartenne il ramo che continuò ad avere il titolo marchesale di Latiano dopo la morte, avvenuta nel 1782, senza eredi, del principe Michele junior, marito di Eleonora Borghese.

In quella scuola, della quale vi è documentazione abbondante, furono docenti i fratelli Ludovico e Modesto delli Guanti e discepoli, tra gli altri, Michele Longo, Giuseppe Salinaro, Vincenzo Zingaropoli, Francesca Forleo Brajda e Domenico Carella, da Zizzi, come scrive la Semeraro Herrmann, conosciuto o almeno studiato negli affreschi di Palazzo Ducale in Martina Franca e in altre opere ancora da raffrontare come quelle del Duomo di Castellaneta.

Le esercitazioni dei discepoli di quella scuola, consistenti in copie da stampe o da quadri, eseguite con sanguigne o carboncini, sono state in buon numero salvate e fanno parte ora di collezioni private. Tale scuola in Francavilla ebbe sede nella foresteria degli Imperiali e fu in rapporto con i pittori della famiglia Bianchi di Manduria, città in cui aveva opera-

to, fin dalla metà del secolo XVII, l'ateniese Giovanni Papagiorgio, e si spinse fino in Campania ove un parente di Domenico Carella, Francescantonio Letizia, «Uom versatissimo nella Pittura, Scoltura, ed Architettura [...] soprastante ai lavori di una Real Petriera», disegnò tra il 1768 e il 1773 le antichità di Pozzuoli per un'opera dedicata nel 1774 a William Hamilton, il «conte Amjlton ambasciatore di S. M. Brittanica presso la M. di Ferdinando IV re delle due Sicilie», rimasta inedita fino al 1991 quando Giancarlo Lacerenza l'ha stampata proprio a Pozzuoli.

I docenti della scuola di Francavilla, discepoli di pittori napoletani per quel che era la tecnica, affascinati da composizioni di più maestri, e specialmente rinascimentali, non quindi del meridione, fermarono l'inventiva non senza però lasciare che la scomposizione e ricomposizione delle parti di quadri diversi fossero usate per dare effetti apparentemente nuovi a soggetti usuali o di tradizione.

In questo ambito la ricerca di Marialuisa Semeraro Herrmann è accortamente dimostrativa sia attraverso il passaggio dai testi scritti alle proposizioni grafico-figurative del Zizzi sia anche attraverso alcune riproduzioni di particolari, quasi citazioni, riprese e virgolettate da opere di altri autori.

Non sempre tale artificio, che fu usuale in questa provincia e che trasse in inganno anche me nel ritenere insieme di citazioni tutta un'opera del Papagiorgio, La caduta di san Paolo sulla via di Damasco, invece interamente e magistralmente copiata, è verificabile attraverso le proposizioni, attendibili, offerte dalla Semeraro Herrmann.

Difficile è stato per lei certamente il compito di biografa e di critica per offrirci la prima ricostruzione della vita e la prima catalogazione delle opere di un pittore che non ha ancora letteratura. Giustificabile è perciò anche qualche attribuzione di troppo, sempre opinabile, come le due pitture murali dell'ex convento dell'Annunziata di Ostuni: Mater Salvatoris e Redemptor mundi da Benigno F. Perrone considerate posteriori e di altra fattura rispetto ai dipinti firmati da Zizzi.

La Pietà della chiesa di Cisternino, attribuita a Zizzi perché pendant de L'ultima cena o Cristo che comunica San Pietro, riproposizione di quella eseguita per il coro inferiore del convento della Santissima Annunziata di Ostuni, firmata quest'ultima, ma non come "invenzione", giustamente confrontata con la tela che era nella chiesa di Santo Stefano a Molfetta, si può anche confrontarla con l'altra di Gian Donato Oppido dipinta per il convento delle monache di Corato, derivata, come documenta Maria Stella Calò, da più antico dipinto di Otto von Vecu conservato nell'Augustinermuseum di Friburgo (Brisgovia) e, perché no, da schema medievale di deposizione-pietà esemplata in un affresco della chiesa di Santa Maria del Casale in Brindisi.

Se questo è il versante proficuo della pittura di committenza ecclesiastica, finora attribuita al pittore Barnaba Zizzi, l'altro versante di committenza laica, meno documentato, scopre più chiaramente la sudditanza dell'autore alle volontà dei committenti e la sua adesione alle ideologie nuove introdotte dai francesi nel regno.

Il ritratto di Piacentino d'Electis, sindaco in Latiano nelle annate 1804-1805 e 1811-1812, di famiglia già in loco con altro omonimo, anche sindaco nel 1685-1686, probabilmente imparentata con i Gioia di San Vito, allora detto degli Schiavoni, e con i Galiano di Francavilla, allora detta di Terra d'Otranto, è un esempio di speculare ripresa dalla ritrattistica napoleonica e specialmente dal ritratto dell'imperatore eseguito da Jacques-Louis David.

Notabile fu la famiglia dei d'Electis, presente per qualche tempo anche a Francavilla ove nacque Francesco Antonio, che fu sindaco in Latiano nel 1767-1768, notabile come furono le altre due famiglie, specialmente nell'ambito culturale, se alla prima è appartenuto Piacentino Gioia, cultore di patrie memorie nel secolo scorso in Napoli, e alla seconda appartenne Luigi Galiano, fratello di Piacentina, sposata Incalza, referente del distretto scolastico brindisino per la sua città nell'ultimo periodo borbonico. Il nome Piacentino, comune nel Lazio e nell'Abruzzo, pare abbia avuto qui diffusione per imparentamenti tra famiglie e non per devozione. Piacente o Piacentino è infatti santo non riconosciuto dalla Chiesa.

Il riferimento al pittore David è posto come esempio di una cultura che tra fine Settecento e inizi dell'Ottocento circolava negli ambienti filofrancesi del regno anche attra-

verso riproduzioni popolari che non di rado vennero usate dai pittori locali come schemi, variati dal profano mitologico anche al sacro cristiano.

Non manca, per esempio, una certa aria neoclassica, propria del David, nel Transito di san Giuseppe, *dipinto dal Zizzi per la chiesa di Sant'Antonio in Latiano. In questa composizione vi è un fondo architettonico classico e certa disposizione dei personaggi che ricordano, sia pure alla lontana, quelli dell'*Antioco e Stratonice, *dipinto dal David e ora conservato all'École Nationale Supérieure des Beaux-Arts di Parigi.*

Erano gli anni di una nuova lettura dei miti su quanto l'antiquariato, promosso a disciplina archeologica, andava scoprendo. Sono di quei tempi le raccolte di tutti i miti, a opera specialmente di eruditi francesi, e le pubblicazioni in Italia di dizionari ampiamente illustrati con stampe che furono usate da tanti pittori del regno su indicazioni dei facoltosi e dotti committenti, anche ecclesiastici, svincolati, con l'avvento dei francesi, da certi divieti di letture, tenute ferme dalle gerarchie, ma disattese dai subalterni.

Si ebbero così pittori come Barnaba Zizzi che dipinse madonne, ma anche deità pagane così come, per rimanere nell'ambiente, a Francavilla Francesca Forleo Brajda dipinse una Diana *e Giuseppe Zingaropoli un'*Aurora con quadriga, *la prima ora in casa Argentina, la seconda sulla volta dello scalone della masseria Santa Croce inferiore, già di casa Scazzeri.*

Questa che può sembrare una svolta nel pensare e nell'operare di Barnaba Zizzi è documentata da Marialuisa Semeraro Herrmann con riferimenti a Johann Joachim Winckelmann e Anton Raphael Mengs, non sconosciuti, anzi ben noti a Francesco Milizia, l'oritano attivo e provocatore tra i teorici del neoclassicismo che fu nell'ambito della sua patria d'origine, per vie ancora non del tutto scoperte, il tramite di quelle innovazioni che per i conservatori erano rivoluzionarie. È proprio opera del Milizia il volumetto Dell'arte di vedere nelle belle arti del disegno secondo i principii di Sulzer e di Mengs, *da Leopoldo Cicognara considerato «terribile opuscolo che rovesciò il sistema di pensare in materia d'arte».*

S'intende che il discorso nuovo, critico, giunto in provincia come eco portata dal vento, frammentato come responso di Sibilla, era trascritto così come, per restare negli esempi dell'arte, Giovanni Maria Scupola di Otranto, nel secolo XVI, rese popolare e naïf, *tra i riquadri delle* Storie di Cristo e della Vergine, *la* Deposizione *già elegantemente dipinta da Raffaello Sanzio d'Urbino.*

La personale mia convinzione che ogni opera d'ingegno, dalla poesia alla pittura, va letta e utilizzata, per la storia, prima come documento e poi come monumento, dà spazio e buon diritto a catalogare la produzione pittorica di Barnaba Zizzi nel contesto culturale del suo tempo come ha fatto Marialuisa Semeraro Herrmann.

La provincia in cui il pittore visse e operò sappiamo dalla stessa biografa quanto fu avanti in quei tempi con personalità che si proposero e sacrificarono per l'affermazione dei valori quali la dignità umana e la libertà da ogni tirannia.

Marialuisa Semeraro Herrmann ha scritto anni addietro la vita di Ignazio Ciaia, cittadino di Fasano, poeta apprezzato da Benedetto Croce, presidente della repubblica napoletana del 1799 e martire per la stessa.

Posso personalmente testimoniare, nel ricordo delle celebrazioni per il secondo centenario della rivoluzione napoletana del 1799, che l'opera della Semeraro Herrmann su Ciaia, stampata da Schena in due eleganti edizioni nel 1976 e nel 1999, molto ha contribuito a liberarci da falsi e gravosi complessi di radicali sudditanze.

L'aspirazione di Ciaia alla propria felicità e alla felicità dei popoli ritenni perciò degna d'essere epigrafe al volume della storia di Brindisi, scritta per documenti dell'epoca in cui visse anche Barnaba Zizzi.

Unitamente alla biografa di Ignazio Ciaia e di Barnaba Zizzi, Marialuisa Semeraro Herrmann, e di chi vorrà anche leggere, oltre questo semplice invito, il libro che consiglio di studiare, si può percorrere come in sogno, con il pittore, mirando nel cielo della Diana *le sue colombe e, con il poeta, ripetere: «L'anima mia avrebbe voluto ad un istante tutti felici, ma trovo che sogno sì caro non è facile a realizzarsi».*

ROSARIO JURLARO

INTRODUZIONE

Fig. 1. Cisternino: panorama.

Il mio interesse per l'arte sacra rivolto alle molteplici espressioni comprese nelle diverse chiese di Cisternino, risale a molti anni fa, quando per la prima volta arrivai in questa cittadina posta a vedetta su un colle delle ultime Murge pugliesi (fig. 1).

A dire il vero, entusiasta com'ero delle produzioni artistiche del '500 in Germania e ancor più attratta dallo splendido mondo classico italiano di quel periodo aureo che fu il Rinascimento, ero un po' prevenuta verso l'arte del Mezzogiorno, dominata in prevalenza dalla esagerata configurazione artistica dell'arte barocca.

Il luogo comune per questo movimento artistico era artificiosità, immagini eccessive, sovrabbondanza delle figure, una vitalità prevalentemente esteriore e appariscente. Naturalmente così non era, e lentamente me ne accorsi addentrandomi a poco a poco in quell'arte del '600/'700, scoprendo i valori intrinseci del linguaggio pittorico che quell'arte esprimeva ai fini del messaggio devozionale. Ma in effetti i primi contatti che ebbi a Cisternino con i dipinti presenti nella Cappella del SS. Sacramento della Chiesa Madre, il che avveniva negli anni sessanta del '900, mi resero cauta nell'esprimere un giudizio immediato. Ero però rimasta allora subito attratta dalla inconsueta iconografia del dipinto l'*Ultima Cena*, dove la figura di Cristo si trovava davanti alla tavola nell'atto di istituire l'Eucaristia, non come nelle solite rappresentazioni in cui Cristo sta seduto o in piedi dietro la tavola, in mezzo agli apostoli, seguendo la tradizione delle tele rinascimentali e barocche.

È da notare inoltre che le tele erano tutte inserite nelle cornici di stucco di cui era stata decorata la Cappella all'inizio del 1800[1]. Mi ero subito accorta che i due grandi quadri dell'*Ultima Cena* e del *Compianto di Cristo Morto* avevano subìto lateralmente dei tagli per agevolarne l'inserimento nelle cornici decorate a stucco, operazione che nella parte inferiore determinava l'asportazione del lato che includeva la firma del pittore. Avevo ancora notato la particolare maestria e accuratezza con cui erano state realizzati i dettagli nei due dipinti. Mi rivolgevo alla mia dotta guida, dott. Francesco Semeraro, allora ispettore onorario ai monumenti di Cisternino, per avere informazioni sull'autore delle tele. Il dott. Semeraro mi precisava che, secondo l'opinione della Soprintendenza alle Belle Arti di Bari, le due grandi tele del SS. Sacramento erano attribuibili a Luca Giordano o scuola, ma aggiungeva anche che, secondo una testimonianza attendibile del sacerdote Don

---

[1] SAVERIO OSTUNI, *Chiese, Riti, Antiche Tradizioni*, ediz. Vivere In, 2000, p. 67.

Fig. 2. Cisternino, Chiesa Madre.

Leonardo Ariani, canonico e poeta, i quadri della cappella del SS. Sacramento erano opera di un pittore di Cisternino, di nome Barnaba Zizzi.

Circa dieci anni più tardi la cappella del SS. Sacramento, unitamente alla Chiesa Madre, fu sottoposta ad un generale restauro con conseguente asportazione di tutte le stuccature. Tutti i dipinti finirono nel deposito della stessa Chiesa.

Per lungo tempo non mi sono più interessata della Cappella, sin quando, nel 2002, mi sono dovuta occupare delle opere artistiche della Chiesa Madre in occasione della pubblicazione del volume *La Chiesa di San Nicola a Cisternino* (2003) (fig. 2). Era proprio in questo periodo che le due grandi tele, ridotte in stato deplorevole, si trovavano finalmente in fase di restauro.

Dopo aver preso visione dei due quadri nel laboratorio di restauro delle signore Anna Maria Nitti, Paola Centurini e Elisabetta Garigliano, ho iniziato le mie ricerche per risalire al periodo in cui le tele erano state dipinte, recandomi nelle chiese della zona ai fini di riscontrare dipinti rassomiglianti alle opere di Cisternino.

Pensando subito a Domenico Antonio Carella che imperava in quell'epoca in tutta la zona, trovavo a Francavilla, ove il pittore era nato nel 1738, dietro l'altare della Chiesa Madre, sulla parete laterale sinistra, la tela ov'era rappresentato Cristo in piedi mentre consegna le chiavi a San Pietro (fig. 3). A Martina Franca riscontravo poi una notevole rappresentazione dell'*Ultima Cena*, sempre di Domenico Carella. L'iconografia e gli stilemi artistici però delle due opere di Carella non mi hanno convinto su possibili caratteri comuni con le opere di Cisternino. Nella Cattedrale di Brindisi notavo nell'ulteriore rappresentazione dell'*Ultima Cena* di Diego Bianchi una similitudine nella figura di S. Pietro inginocchiato davanti al tavolo, ma Cristo era posto in piedi dietro al tavolo, secondo la tradizione (figg. 4-5).

Finalmente, proseguendo nelle ricerche, sono arrivata nella Chiesa della SS. Annunziata di Ostuni, vero e proprio museo di arte sacra, che mi riservava una grande insperata sorpresa. Nella sagrestia, denominata anche coro inferiore e che era usata dai francescani riformati come oratorio, mi trovavo di fronte ad un grande affresco che occupa la parete nord. In quel momento l'affresco era illuminato da un raggio di sole che si proiettava sul

Fig. 3. ANTONIO DOMENICO CARELLA, *La consegna delle chiavi a San Pietro*, Francavilla, Cattedrale.

viso di Cristo. Non potevo credere ai miei occhi! L'affresco ivi rappresentato aveva lo stesso contenuto dell'*Ultima Cena* dipinta su tela a Cisternino con Cristo davanti al tavolo; in più, in calce sulla destra, erano riportati a chiare lettere la firma dell'autore e l'anno di esecuzione: *OPUS BARNABAE ZIZZI CISTERNINEN-SI / AD MDCCLXXXV* (fig. 6).

Dopo la scoperta dell'autore a cui potevano essere riportati i dipinti di Cisternino, ho dovuto necessariamente estendere le mie ricerche su questo pittore, consultando gli scritti esistenti sulla pittura pugliese dell'epoca: in primo luogo il volume *Beni Culturali di San Vito dei Normanni* di Antonio Chionna (Schena Editore, 1988), in cui era riportata una riproduzione in bianco e nero della grande tela raffigurante il Giudizio Universale, un dipinto con la firma dell'autore: *Barnabas Zizzi pinxit 1816*. Poi il parroco Piero Calamo della Chiesa SS. Annunziata di Ostuni mi segnalava che avrei potuto trovare altre notizie sul pittore nel volume *La Chiesa di SS. Maria Annunziata in Ostuni, Storia e arte* di Luigi Greco e Massimo Guastella.

Nel saggio del Guastella veniva riportato che: «*Tra le pitture custodite nella SS. Annunziata si segnala la raffigurazione dell'Ultima Cena, dipinta sulla parete del coro inferiore, dal pittore Barnaba Zizzi nel 1785, come si legge nell'iscrizione. All'artista di Cisternino potrebbero pure essere assegnate le restanti pitture murali incorniciate dagli stucchi sulle pareti. Il livello della sua arte pittorica fu alquanto modesto; egli va annoverato tra i pittori locali che a cavallo dei secoli XVIII-XIX ripropongono stancamente moduli figurativi settecenteschi, come si desume da altre sue opere note quali la Madonna del Carmelo (Brindisi, Biblioteca De Leo) e la Madonna col Bambino e Santi (Brindisi, S. Maria degli Angeli); Il Giudizio Universale (San Vito dei Normanni, S. Maria della Vittoria) firmato e datato nel 1816 e i SS. Quirico e Giulitta (Cisternino, Matrice). Ritengo, inoltre, che appartenga a Barnaba Zizzi La Madonna della Consolazione, opera dispersa della Matrice di Carovigno assegnata a tale fra Bartolomeo Zizzi*»[2].

Come si vede, le notizie che ho potuto raccogliere in questa fase di ricerca erano molto scarse, affrettate e di certo non approfondite. Ancora più deludenti le indagini operate a Cisternino, ove il nome del pittore risultava completamente dimenticato. Solo a Latiano, dove Barnaba Zizzi aveva vissuto dal 1789 fino alla sua morte nel 1828, ho potuto raccogliere, con l'aiuto della direttrice della Biblioteca comunale Rita Caforio, dello studioso Salvatore Settembrini e di Vittoria Ribezzi Petrosillo, direttrice del Museo omonimo, ulteriori notizie.

Ho pensato quindi di affrontare la stesura della presente monografia con l'intento di sottoporre ad una maggiore attenzione le testimonianze artistiche di un pittore che, anche se non può essere compreso tra la schiera dei maggiori artisti pugliesi, rappresenta, secondo la mia opinione, un significativo punto di passaggio tra il periodo del tardo barocco classico e la sopravveniente epoca del neoclassicismo.

Lasciando da parte le questioni campanilistiche, mi sembra importante al momento attuale prendere atto del valore intrinseco delle opere di un pittore dimenticato, tenuto in

---

[2] MASSIMO GUASTELLA, *La Chiesa di Maria SS. Annunziata in Ostuni, Storia e arte, Pitture, sculture, altari e suppellettili sacre*, Schena Editore, 1998, p. 122.

Fig. 4. DIEGO BIANCHI, *Ultima Cena*, Brindisi, Cattedrale.

Fig. 6. Barnaba Zizzi, firma dell'autore nell'affresco dell'*Ultima Cena* di Ostuni.

Fig. 5. DIEGO BIANCHI, *Ultima Cena*, particolare di S. Pietro, Brindisi, Cattedrale.

scarsa considerazione dagli studiosi locali, pur senza mai spiegarne le ragioni, ma che denota, a mio avviso, molti lati positivi di originalità e novità espressive sia nelle sue opere d'arte sacra che in quelle d'arte profana.

Se poi consideriamo le espressioni particolari dell'arte sacra, occorre sottolineare che tale arte aveva sempre una funzione devozionale ed era perciò sottoposta alla richiesta precisa dei committenti, sia che si trattasse di confraternite, ma anche di sacerdoti, monaci e privati. Perciò non bisogna guardare le rappresentazioni sacre esclusivamente dal punto di vista qualitativo, ma anche e soprattutto dalla funzione devozionale a cui esse assolvevano. In tale direzione Clara Gelao ci offre una precisa chiave di lettura per interpretare i dipinti sacri:

«*Da ciò deriva che noi, cosiddetti "addetti ai lavori", affrontando gli esiti della committenza confraternale, dobbiamo riuscire se non a liberarci di quella sorta di filtro visivo che seleziona il bello dal non bello, cioè in buona sostanza la qualità del dipinto o della scultura presa in considerazione, per lo meno ad arricchirne la lettura attraverso quello che in altra sede ho chiamato – e non saprei a tutt'oggi trovare un termine diverso o più appropriato – l'indice di devozionalità delle immagini: quel qualcosa, cioè, che tocca le corde del sentimento religioso, dell'appagamento rassicurante dinanzi ad un'immagine che si riconosce come propria; ed è un parametro che può costituire un'utile chiave per avviarci alla comprensione di ciò che, pur esteticamente mediocre, ha assunto col passare dei secoli un rilevante valore culturale e devozionale. Questa sorta di rassicurazione che il fedele, a qualsiasi ceto egli appartenga, vuole trovare nell'immagine, questa ricerca di una sorta di déjà vu, dell'archetipo insomma, credo sia alla base di quel fenomeno che spesso connota la produzione iconografica confraternale e che probabilmente non riusciremmo a spiegarci in altro modo: mi riferisco alla ripetitività, che in molti casi si traduce nella pratica della vera e propria copia*»[3].

---

[3] *La Chiesa del Purgatorio di Fasano, arte e devozione confraternale*, a cura di Antonietta Latorre, Schena Editore, Fasano 1997. Introduzione di Clara Gelao, p. 12.

Parte Prima
BARNABA ZIZZI A CISTERNINO

Barnaba Zizzi, *SS. Quirico e Giulitta*, particolare prospetto di Cisternino.

CISTERNINO: ANNO DI NASCITA E FORMAZIONE

Cisternino, la sorridente città sulla collina delle Murge tra Bari e Brindisi, viene considerata oggi tra le più belle cittadine tardo-medioevali dell'Italia meridionale. Ancora oggi addentrarsi nel borgo antico, nel cuore del paese, con la realtà attuale delle costruzioni antiche della cosiddetta isola, con i resti delle vecchie mura (fig. 7) e con le sue superstiti torri (fig. 8), ci procura un fascino

Fig. 7. Cisternino, Porta Nord.

Fig. 8. Cisternino, Torre Capece.

straordinario. È veramente suggestivo percorrere le stradine strette e sinuose, a volte senza uscita, dalle case ammucchiate che si sostengono tra loro tramite archi, con spontanee architetture e ripide scale esterne. Un giuoco di linee, di ombre, di luci in un alterno chiaro-scuro emana da queste case bianche coperte da uno squarcio di cielo azzurro che ancora oggi ci trasporta nel paese fiabesco.

Così Raffaele Semeraro descrive l'atmosfera che emanava da questo paesaggio: «*Strade strette, a volte drammatiche, scale esterne che si svolgono in modo capriccioso e imprevedibile, le case ammucchiate, sembrano come lasciate così da un*

Fig. 9. Cisternino, Torre Amati.

vento di burrasca, montano l'una sull'altra in strani ritmi di linee, si appoggiano con le pareti tra di loro in maniera incredibile. Eppure non c'è mai il senso del disordine, dell'irrazionale, ma una misura continua e sorprendente di creatività artistica, che si traduce in strana bellezza»[4].

Queste spontanee forme architettoniche del vecchio borgo hanno una naturale appendice nei trulli che sembrano nati come trasposizione delle case del nucleo antico, a formare ai margini visioni architettoniche primordiali. Raffaele Carrieri traduce questa magica atmosfera in poesia: «*Ed è la dimora dell'uomo all'impiedi, perché l'uomo antico è all'impiedi. E ci sono voluti millenni per farlo sedere. Chi ha parlato di sepoltura di califfi, non è mai entrato in un trullo di contadino*

---

[4] RAFFAELE SEMERARO, *Lineamenti di storia artistica e realtà nelle vicende di Cisternino* in *Cisternino tra Storia e Leggenda*, Schena, Fasano 1980.

Fig. 10. Cisternino, Palazzo del Governatore.

pugliese. Compatto, aereo, essenziale, composto esclusivamente di linee madri, è severo e amabile come l'uomo che lo abita. Nasce pietra su pietra, elaborato e spontaneo. Levata la fabbrica il tetto ha inizio con larghi giri concentrici, salendo si restringe sino a finire a punta. Le pietre che lo compongono sono legate da una semplice amalgama. Spesso manca anche questa ma il tetto del trullo è irremovibile come fosse di un sol pezzo. Solo il diluvio potrà disciogliendo. Il paesaggio gli somiglia. Se un asino raglia sembra la voce di una tromba biblica»[5].

Cisternino, eccettuate brevi parentesi, era rimasto feudo del vescovo di Monopoli sin dal 1180, da quando cioè risultava un semplice casale e non era assurto a ruolo di Terra o Castello. Le condizioni economiche del contado persistevano, ma già dall'inizio, in modo piuttosto disastroso, considerando che la terra che circondava la cittadina non era stata ancora trasformata del tutto e incisivamente dai contadini, con un duro lavoro, nei fiorenti giardini che ammiriamo oggi.

Nel '700, poi, la proprietà non risultava suddivisa in tanti piccoli appezzamenti di terreno, processo che avverrà soltanto nell'800, dopo l'abolizione dei diritti feudali nel periodo del Regno di Giacchino Murat, con un miglioramento tangibile delle coltivazioni.

La gran massa della popolazione era formata dunque da una classe rurale di coloni censuari, fittavoli, salariati fissi, da una classe cioè in maggioranza depressa economicamente e ancora più moralmente per essere rimasta da secoli sottomessa alle forze baronali e a quelle degli enti ecclesiastici (fig. 9).

La parte più prospera della popolazione era costituita dagli artigiani che nel '700 erano numerosi e ricercati anche nei paesi vicini, e tra questi si distinguevano specialmente i falegnami che potevano disporre di sufficiente materiale necessario al loro mestiere, cioè il legname ricavato dai molti boschi ancora presenti nelle contrade di Cisternino. Vi erano inoltre numerosi fabbri, cardatori, tintori e mugnai che avevano con i loro prodotti, richiesti anche da altri paesi pugliesi, sviluppato un certo benessere.

Per lungo tempo quindi feudo del vescovo di Monopoli, Cisternino era assuefatto a sottostare a una potestà religiosa di gran lunga più importante di quella laica. Ma ciò non era in fondo un fattore negativo.

La pratica religiosa vivamente sentita nei cittadini aveva portato a sviluppare un moderatismo in ogni campo, creando un sistema di vita semplice e basato sull'onestà. Questo moderatismo non aveva però mai spento l'innato spirito di ribellione contro il potere oppressivo. Cosi vediamo Cisternino sollevarsi contro il governatore rappresentante del potere vicereale spagnolo nel 1647 in concomitanza con l'insurrezione di Masaniello a Napoli (fig. 10). Così vedremo sorgere l'albero della libertà sulla sua piazza quando fu proclamata la Repubblica napoletana del 1799.

Date le premesse socio-economiche, che abbiamo brevemente tratteggiato, Cisternino non poteva esprimere nel campo della cultura se non personalità di schietto sapore teologico. Il Pacichelli alla fine del '600 cosi descriveva Cisternino nella sua opera maggiore *Il Regno di Napoli in prospettiva*: «*Ha Borgo elegante nelle strade, co' Giardini uniti alle case. Dentro poi vi risplende ogni como-*

---

[5] RAFFAELE CARRIERI, *Cara Italia*, Milano 1963, p. 70.

Fig. 11. Cisternino, Torre Normanna.

dità. *La torre accennata, in quadro, alta cento cubiti, e larga quaranta palmi, raffigura una inespugnabil Fortezza* (fig. 11). *La Chiesa Madre col titol sudetto di S. Nicolò Patarese in forma di Colleggio con cinque Dignità e dieci Canonici per lo più Dottori, sostenuta da colonne, spiega nelle cappelle tele ancor di Luca Giordano, una Venerabile Immagine rilevata del Crocefisso nel soccorpo, molte Sagre Reliquie, e maestosi Sepolcri.*

Usano i Cittadini le mode correnti nel vestire. Dilettanti delle Arti liberali, e dell'esercizio della Caccia, fra le selve colme di Cinghiali, Cervi, Capri, Volpi, Lepri, Martore, Istrici, & altri, usando schioppi, e funi insidiose. Così, nelle Acque del Mare, e dei Fiumi, predan gli Uccelli.

Si sono segnalati nelle Virtù, Francesco Candida, Geometra, & Oratore, che scrisse, e morì nel 1642. Il Dottor Cesare Soleti, Avvocato, e Giudice Regio, che mancò in Barletta nel 1662. D. Giov. Antonio Soleti teologo, ed Operaio spirituale, cessato di vivere nel 1683. Don Oratio Soleti di altro ramo, Teologo, ed Oratore, che dettava a più Amanuensi in un tempo, e immaturo finì nel 1682 in Lecce.

Nelle famiglie più considerate, si dicono, gli Amati, Angrisani, Aprile, Costa, Pepe, Pitacci, Potio, Semeraro, Soleti, Zizzi»[6].

Nell'accennare a tele di Luca Giordano, il Pacichelli non fa però alcun riferimento al contenuto delle medesime. Certamente da questa notizia è nata la successiva erronea convinzione che le tele in questione si riferissero a quelle della Cappella del SS. Sacramento.

Così attribuirle a Luca Giordano, o quanto meno alla sua scuola, era divenuto, negli ambienti colti e di riflesso in quelli profani, un dato di fatto da non discutere, senza però cercare di sollevare argomentazioni di differenze di tecnica pittorica usata dagli artisti e di impostazione dei soggetti rappresentati in rapporto al periodo in cui furono dipinti.

Eppure, ragionando pacatamente, prima di emettere o sostenere giudizi perentori, bisogna considerare diversi fattori. Come in questo caso, soprattutto, quello che emerge dalla lettura delle Visite Pastorali dei vescovi di Monopoli nella Matrice di Cisternino.

Così il vescovo D. Francesco Iorio, durante la visita effettuata nell'anno 1749, relativamente alla Cappella del SS. Sacramento della Chiesa Madre, rileva che questa è spoglia di quadri da molto tempo e sollecita pertanto l'adozione di ornamenti[7]. Ora le tele di cui si parla, l'*Ultima Cena* e il *Compianto di Cristo morto*, nonché i sette medaglioni, non solo non erano presenti nella cappella del SS. Sacramento, dove, si è visto, sino al 1749 non vi è notizia che li segnali, ma non risultavano citati neanche per altri siti della stessa chiesa, soprattutto perché il loro soggetto particolare li portava a finalizzarli esclusivamente per la sede della Cappella del SS. Sacramento. Anche da una successiva relazione della Visita Pastorale del Vescovo Ciro Alteri il 23 aprile 1758 si rileva che «*nella Cappella del SS. Sacramento, sul coro dei confratelli, vi era solo a sinistra un quadro di cui era patito la pittura*».

Né le precedenti Visite Pastorali – il Libro delle Visite Pastorali ha inizio dal 1647 – avevano mai evidenziato presenza di quadri in detta Cappella, come invece avviene in seguito per dipinti di Santi collocati sui rispettivi altari. Se si passa poi a confrontare la qualità delle pitture di Luca Giordano e dell'artefice

---

[6] L'Abate Giovanni Battista Pacichelli, nato a Roma il 1640 circa e morto a Roma nel 1690, laureato in giurisprudenza e teologia nel 1672, aveva ricevuto l'incarico di Uditore Generale della Nunziatura Apostolica di Colonia, ove giunse nell'aprile 1673. Da questa città effettuò numerosi viaggi per quasi tutta l'Europa, come si rileva dalle sue *Lettere famigliari 1695,* dalle *Memorie de' Viaggi 1685* e dalle *Memorie Novelle de' Viaggi 1691*. Rientrato in Italia, dopo brevi soggiorni a Roma e Parma, nel 1683 si stabilisce definitivamente a Napoli, dove attese alla preparazione della sua opera maggiore *Il Regno di Napoli in prospettiva*, che sarà pubblicata dopo la sua morte. Dall'antologia di Raffaele, Angelo e Marialuisa Semeraro in *Viaggiatori in Puglia dall'Antichità alla fine dell'Ottocento*, Schena Editore, 1991, pp. 88-90.

[7] Visita Pastorale del 1749 del Vescovo D. Francesco Iorio: ...«*resta solamente di sollecitare di farla stucchiare e, mentre essendo spoglia di quadri, a tal effetto da molto tempo si vede senza l'ornamenti*». Archivio Chiesa Madre Cisternino.

di quelle che ora sono nella Cappella del SS. Sacramento, già nominate, la differenza di valori, di qualità, di tecnica pittorica, di invenzione, direi che è molto netta.

Luca Giordano (1634-1705) è un grande pittore: partito dalla tradizione caravaggesca, si impadronì ben presto del modo di dipingere dei maestri del Cinquecento, tra Roma e Venezia, favorito dalla sua eccezionale memoria visiva. Egli riuscì a fondere con ragguardevoli risultati il classicismo romano con soluzioni luministiche della tradizione veneta. Il che non gli impedì di inoltrarsi nel barocco con grande fortuna. Il carattere principale della sua pittura risiede, in specie, in una continua fantasiosa invenzione compositiva in uno con vivaci e insieme delicate modulazioni di colore.

Nei quadri e nei tondi del SS. Sacramento a Cisternino troviamo invece, specie nell'*Ultima Cena* e nel *Compianto di Cristo Morto*, un modo di affrontare il soggetto sempre classico, con una tendenza a rendere fissi i personaggi, in un'atmosfera cupa e tenebrosa, ma molto interiorizzata, che conclude il barocco e si avvicina al neoclassicismo. Il che è tipico della produzione artistica di Barnaba Zizzi, che non è un grandissimo pittore come Luca Giordano, ma nemmeno l'ultimo arrivato, possedendo una buona tecnica pittorica e una resa plastica e intensa del soggetto. Inoltre nella tela dell'*Ultima Cena* si riscontrano numerosi *pentimenti*, fattore non usuale di Luca Giordano, che notoriamente eseguiva di getto i suoi dipinti con una tecnica mirabilmente perfetta e senza alcun *pentimento*, tanto da meritarsi l'appellativo *Luca Fapresto*.

Ma allora, le tele di Luca Giordano a cui alludeva il Pacichelli, quali erano? Presumibilmente, potrebbero riferirsi alle due grandi tele dei Principi Apostoli *S. Pietro e S. Paolo* che, per lo stile di pieno barocco che esse mostrano, sono facilmente riconducibili a un periodo anteriore a quello in cui Pacichelli visitò Cisternino.

Si può presumere che le tele in questione, se sono effettivamente opere del Giordano, dovrebbero comunque essere state dipinte prima del trasferimento del pittore a Firenze presso la corte dei Medici nel 1680 e poi in Spagna presso la Corte di Carlo II nel 1690, cioè attorno agli anni 1665/67.

Naturalmente, considerato che le tele non sono firmate, né esistono documenti ecclesiali che attestino l'esistenza di tele del Giordano, l'affermazione riportata dal Pacichelli potrebbe riferirsi anche a notizie imprecise, raccolte durante la sua visita a Cisternino. Resta però in queste due tele di San Pietro e San Paolo una elevata qualità pittorica ed espressiva, una finezza nell'esecuzione delle sacre scritture nelle mani dei Principi della Chiesa, nella rappresentazione sublime degli angeli e infine in un colorismo estremamente vivace e animato.

SS. PIETRO E PAOLO

Fig. 12. Cisternino, Chiesa Madre, veduta interna del 1937, prima dei restauri.

Dalla veduta prospettica (fig. 12) dell'interno della Chiesa di San Nicola, riprodotta nel fascicolo illustrativo del 1937, possiamo rilevare la collocazione originaria, sul fondale del coro dietro l'altare principale, delle due grandi tele dedicate ai SS. Pietro e Paolo. I quadri ad olio, applicati su legno, erano collocati sul muro di fondo del coro, in cornici stuccate, concluse sulla parte superiore da una specie di edicola triangolare goticizzante, che serviva ad evidenziare il ruolo predominante dei due Principi Apostoli, disposti ai lati dell'altare.

La tela di *San Pietro* (fig. 13) raffigura il Principe Apostolo in tutta la sua monumentalità, che parte da una piccola pedana sulla quale poggiano i piedi in posizione di contrapposto e finisce quasi all'apice della rappresentazione. La sua sagoma attraversa quindi in linea verticale tutta la tela. L'apostolo veste una tunica con cintura di color bruno, ed è circondato da un largo mantello

Fig. 13. Luca Giordano (attrib.), *S. Pietro*, Cisternino, Chiesa Madre.

Fig. 13bis. Cfr. Luca Giordano, *Autoritratto*, Firenze, Galleria degli Uffizi.

Fig. 14. Luca Giordano (attrib.), *S. Paolo*, Cisternino, Chiesa Madre.

che, sorretto dal braccio sinistro, avvolge con ampie volute la parte inferiore del suo corpo. Dal lato sinistro fuoriesce la mano ben disegnata che stringe il grande libro sacro, aperto ripiegato verso l'alto, in posizione di lettura. Dall'indice della stessa mano pende il laccio a cui è attaccata la chiave, suo simbolo caratteristico. La mano destra, dalle dita affusolate, poggia sul petto quale testimonianza della fedeltà a Cristo.

La testa di San Pietro è tratteggiata finemente con fronte corrucciata, occhi rivolti verso l'osservatore, naso fine, capigliatura leggermente ondulata, che lascia scorgere chiaramente l'orecchio, barba bianca corta, separata al mento. La verticalità della figura monumentale del Santo viene sottolineata dal bell'aspetto di un Angelo, posto sulla sua destra con sguardo rivolto verso l'osservatore, reggendo con le due mani la palma del martirio di S. Pietro. L'Angelo ha capelli corti biondi ondulati, un corpicino morbido di color carne con una pancina pronunciata e una stola rossa con due pieghe rigonfiate, che lo avvolge incrociandosi sulla parte inferiore. Dalla sua spalla destra fuoriesce l'ala.

La testa di San Pietro è circondata da un leggero alone di luce, simbolo della sua santità. Il fondale è completamente scuro, rendendo così maggiormente rilevante e nitida la figura.

La seconda tela raffigura *l'Apostolo Paolo* (fig. 14) con una lunga spada, stretta nella mano destra, che si protende sino ai piedi, simbolo del suo martirio; egli fu infatti decapitato con la spada, sotto l'Imperator Nerone, nel 67 d.C.

Osservando la raffigurazione di San Paolo riemerge subito il volto sereno, pieno di fede in Cristo che trasmette amore nel credente. Non è più il predicatore patetico, estasiato o sconvolto, ma ci troviamo di fronte ad un uomo dallo sguardo sereno e pieno di umanità.

La sua testa è circondata da un alone luminoso, segno della sua santità; porta la tipica barba folta, capelli scuri ondulati con riga al centro; veste una tunica bruna scura, stretta da cintura, mentre un larghissimo mantello rosso poggiato sul braccio sinistro avvolge con ampie pieghe la parte inferiore del corpo. La mano sinistra regge al di sotto del mantello la Sacra Scrittura, con l'aiuto del braccio sinistro di un Angelo che, in atto di volare, raddrizza con la mano il libro sacro. L'Angelo in movimento è rappresentato di profilo con ali dispiegate, gamba sinistra alzata e sciarpa di color rosso svolazzante sulla parte posteriore.

La posizione verticale della figura di S. Paolo appare più dinamica rispetto a quella di S. Pietro. Paolo infatti ripiega leggermente la testa verso destra, mentre la parte superiore del corpo tende a sinistra, accompagnata diagonalmente dalla spada che segue il movimento del corpo, mentre l'Angelo sottolinea questa dinamicità con l'atto di volare. L'ampio drappeggio del mantello rosso con una larga piega verticale, accompagnata da numerose pieghe orizzontali, sottolinea la maestosità del Principe Apostolo.

Nelle figure di Pietro e Paolo vediamo sporgere parallelamente il piede sinistro sulla base della pedana, ricalcando una tipica posizione che si trova in altri dipinti del periodo barocco.

La fonte della luce nelle due tele sembra essere proiettata da un faro che viene ad investire frontalmente le figure degli apostoli, creando nel contempo un gioco di luci e ombre che esaltano la voluminosità delle sagome.

Ho tenuto a riportare la descrizione di queste due tele da attribuire a Luca

Giordano o scuola, che senza dubbio dovettero avere un'influenza decisiva sulla prima formazione di Barnaba Zizzi, suggerendogli elementi tecnici e espressivi che riproporrà a modo suo nelle opere di arte sacra.

Attualmente le due tele sono collocate sulla parete ovest del Cappellone Oratorio della Matrice.

Chi era Barnaba Zizzi, pittore completamente dimenticato nel suo paese d'origine, ma che ha dato il nome ad una via di Latiano, suo paese di elezione?

A Cisternino il pittore non viene ricordato né da documenti ecclesiali o civili, né si ritrova il suo nome in memoriali o scritti dell'epoca. Solo nel registro delle nascite, conservato nell'archivio della Chiesa Matrice, ho potuto ritrovare il suo atto di nascita, da cui si apprende che «*nell'Anno del Signore 1762, giorno 4 del mese di novembre, Don Mauro Fumarola, Canonico e sacerdote di tale insigne Collegiata della Chiesa di Cisternino, battezzò Barnaba Nicola – di nascita prematura nel medesimo luogo, da Giuseppe, figlio del fu Barnaba Zizzi e da Isabella di Nicola Antonio Loparco, coniugi in questa città, cui impose il nome di Barnaba Nicola, Carlo. Madrina fu Anna Fumarola, ostetrica Bonas. Dell'ordine Chiarissimo Alezio Arciprete*» (v. appendice 1, 2).

Non mi è stato possibile trovare notizie precise sullo stato sociale della sua famiglia. Comunque, in considerazione del fatto che la famiglia Zizzi era inclusa dal Pacichelli tra quelle notabili, ed inoltre, come testimoniato dalla visita pastorale del vescovo Domenico Russo del 28 ottobre 1782, che nel clero vi erano due canonici di nome Zizzi, non si doveva trattare certo di una famiglia indigente.

È da supporre comunque che la prima formazione del pittore fu analoga a quella seguita nell'epoca da tutti i ragazzi che mostravano particolare attitudine verso l'istruzione: insegnamento elementare presso sacerdoti che ne detenevano il monopolio. La mancanza di scuole superiori o tecniche induceva spesso i genitori ad inviare i figli presso i seminari della zona col pretesto di avviarli alla carriera religiosa. Per Cisternino, prima destinazione il Seminario di Monopoli, «*ottimo* – come lo definiva il Pacichelli nella sua opera citata – *nel quale s'educano molti giovani, il Vescovo di regal nomina soggiorna in un bel palazzo, possiede congrua assai pingue, ed è Barone con giurisdittion mista della terra di Cisternino*».

Per accedere ai Seminari occorreva versare una paga annua onde «*istudiare grammatica, per poi avanzarsi nelle scienze*». Per i giovani meno abbienti risultava aperta la possibilità di frequentare i diversi conventi presenti nelle varie cittadine. A Cisternino, per esempio, si trovava il Convento dei Frati Minori Cappuccini, fondato nell'anno 1556 e dotato di una cospicua biblioteca, costituita prevalentemente di libri teologici e di una serie di quadri sacri, oggi in gran parte dispersi. È da ritenere che il convento fosse anche sede di istruzione per i giovani del posto. L'operato pittorico del nostro Barnaba Zizzi denota un bagaglio culturale di conoscenza teologica, della lingua latina, di tecnica pittorica e del disegno, conoscenze che aveva acquisito sicuramente in ambito ecclesiastico o monacale.

Ritengo decisivo il suo contatto con il Convento dei Padri Riformati di Ostuni per i quali nel 1785, all'età di 23 anni, si adoperò ad affrescare il coro inferiore dell'oratorio.

Si può supporre anche una sua frequentazione presso una bottega pittorica, come quella di Nicola Porta a Molfetta. Paragonando i contenuti, le composizioni delle figure, l'uso del colore di alcuni quadri di Nicola Porta con le opere di Zizzi, ci accorgiamo di una certa affinità nell'eseguire le sagome dei santi, il drappeggio dei paramenti, i movimenti delle figure tra il cupo e il tenebroso, perfino la preferenza di alcune tematiche come *Madonne* e il *Transito di S. Giuseppe*. Si potrebbe quindi ipotizzare una frequentazione del giovane pittore cisterninese presso la bottega del molfettese Nicola Porta. Ricordiamo che questo pittore era nato a Molfetta il 5 dicembre 1710 da Saverio Porta, a sua volta primo maestro di Corrado Giaquinto, e da Angiolella de' Gaudio. Nel 1747 si era sposato con Anna Maria Azzollini. Poi nel 1753 Corrado Giaquinto (1703-1766) lo condusse con sé in Spagna, ove rimasero sino al 1762. Ritornato col Giaquinto in Italia, si stabilì a Molfetta sino alla sua morte, avvenuta nel 1784. Nel ventennio trascorso a Molfetta ebbe un ruolo dominante nel mondo pittorico dell'intera Puglia. Quindi è ben possibile che i vari giovani che si avviavano alla pittura fossero attratti dalla bottega del più famoso discepolo e collaboratore di Corrado Giaquinto.

Il Porta, dopo la morte di Giaquinto a Napoli a soli 63 anni, continuava a perpetrare gli schemi e le tecniche pittoriche del maestro, lasciando importanti testimonianze a Molfetta, Altamura, Terlizzi e in altre città pugliesi. Nicola Porta però non è quasi mai riuscito a realizzare i toni coloristici del suo maestro.

Barnaba Zizzi poteva sicuramente apprendere dall'opera del Porta la maniera compositiva, l'esecuzione tecnica accurata, esente da quelle scenografie spettacolari, rilevabili ancora in Solimena, ma rivolta su un minor numero di personaggi da cui far trasparire sentimenti intimi, come ad esempio nei suoi dipinti dell'*Epifania* o dell'*Adorazione dei Pastori* o nel *Transito di S. Giuseppe*. Dal Porta, Zizzi poteva apprendere anche l'uso delle fonti di luce in modo che si proiettassero sempre sulla scena centralmente, mirate sui personaggi più importanti.

Suppongo che proprio in questo periodo di formazione a Molfetta Barnaba Zizzi abbia preso visione del dipinto, oggi andato disperso, di una *Pietà*, allora presente nella chiesa di S. Stefano, che più tardi utilizzerà come fonte di ispirazione nell'esecuzione del gruppo centrale del *Compianto di Cristo morto* per la Chiesa Madre di Cisternino.

Bisogna a questo punto sottolineare il grande fascino che continuava ad esercitare il famoso Giaquinto sui pittori dell'epoca, portando sempre un rinnovamento della emotività visiva nelle sue varie opere. Mentre i suoi epigoni De Mura e anche Porta rimanevano ancorati all'arte sacra decorativa con colori più smorti e artificiosi, basandosi su repertori consunti dell'arte barocca sempre meno inventivi, Giaquinto riusciva invece ad alleggerire le strutture delle immagini pur lasciandole immote, ma conferendo loro nuove gamme coloristiche, vere possenti orchestrazioni di colori e luci, dettate da una impetuosa fantasia e sapiente invenzione.

Barnaba Zizzi subì chiaramente questi influssi giaquinteschi e cercherà successivamente di imitarli specialmente nelle raffigurazioni delle sue *Madonne* e nelle rappresentazioni del *Transito di Giuseppe*, senza riuscire però a raggiungere l'atmosfera di luminosa sacralità presente in Giaquinto.

Nei paesi viciniori, come Martina Franca, Barnaba Zizzi poteva prendere visione delle tele dell'Olivieri, ma anche dei cicli di Domenico Antonio Carella

(1721-1812) che operava negli anni 1774/76 a Martina Franca per la decorazione del Palazzo Ducale. Carella si era stabilito in quest'ultima città nel 1776 dopo aver lasciato Francavilla Fontana. I grandi quadri a tempera con scene religiose, mitologiche e scene della vita contemporanea, realizzati con colori a tempera, hanno sicuramente colpito il giovane Barnaba, così come tanti anni dopo indussero Cesare Brandi ad osservare durante il suo soggiorno pugliese: «*dipinti su una scala rossiccia ed evanescente, hanno una loro festosità, decorano indubbiamente con molto garbo, ma se visti da vicino, anche con notevole sciatteria: sono più che affreschi veri e propri, come delle grandi temperine a succhi di erba, stesi in fretta, quasi per una festa, per un addobbo di una sera*»[8].

Forse il nostro pittore si è ricordato di queste tempere murali del Carella, quando sulle pareti laterali del coro inferiore di Ostuni dovette dipingere su commissione dei frati riformati del Convento della SS. Annunziata scene della passione di Cristo con personaggi di stampo popolare, ambientati in paesaggi arcadici, pur senza trascurarne gli eventi drammatici.

Anche Fasano offriva un ricco bagaglio di opere pittoriche nella chiesa del Purgatorio che potevano essere fonti di ispirazione per Barnaba Zizzi. Mi riferisco in special modo all'operato di Ottavio Lavagna con la rappresentazione del 1776 di *San Michele Arcangelo che sconfigge il demonio*. A proposito di questa tela, Massimo Guastella osserva acutamente: «*Si coglie, nell'impostazione della scena, una traduzione in linguaggio tardo barocco che attinge a diverse esperienze pittoriche di desunzione giordanesca*»[9].

Mi sembra ancora più probabile che il pittore Nunzio Buonamassa (1727-1812) abbia potuto fornire le eventuali suggestioni con le raffigurazioni dei suoi innumerevoli medaglioni in cui traspaiono influenze solimenesche, ma con una certa nota di attinenze neoclassiciste sia nel modo di porre la composizione verticale, che nel drappeggio delle vesti con pieghe voluminose e plastiche.

Non sono da dimenticare infine, per quanto riguarda le influenze sulla formazione di Barnaba Zizzi, gli esempi presenti nella Chiesa Madre di Cisternino, come le tele di San Pietro e Paolo, di attribuzione giordanesca, la Madonna del Rosario di impostazione solimenesca e l'affresco Madonna di Costantinopoli con S. Caterina e S. Giorgio del 1600. La figura di S. Caterina (fig. 15) gli servirà più tardi quale fonte di ispirazione per il dipinto di Santa Margherita nella chiesa di S. Antonio a Latiano.

Non bisogna dimenticare che in questo periodo circolavano anche numerose stampe che riproducevano celebri quadri di Raffaello, Michelangelo, Correggio, Tiziano, Caravaggio e tanti altri pittori che servivano come prototipi nella realizzazione di dipinti ordinati dai vari committenti. Lo stesso Carella ad esempio non ha nascosto di aver eseguito il *Belisario cieco* del 1750 quale *imitazione di Francesco Ribera*. In più la *Natività del Battista* nella chiesa S. Agostino di Martina Franca risulta essere una ripetizione della *Natività* di Corrado Giaquinto a Bari, oggi in Pinacoteca Provinciale. Non bisogna meravigliarsi se

---

[8] CESARE BRANDI, *Martina Franca*, Milano 1968, p. 24.
[9] MASSIMO GUASTELLA, *Opere d'arte pittorica nella chiesa del Purgatorio di Fasano*, p. 156, in *La Chiesa del Purgatorio di Fasano, arte e devozione confraternale*, a cura di Antonietta Latorre, Schena, 1997.

Fig. 15. Madonna di Costantinopoli, particolare *S. Caterina d'Alessandria*, Cisternino, Chiesa Madre.

le figure centrali del *Compianto di Cristo* di Barnaba Zizzi nella Chiesa Madre di Cisternino risultano essere una imitazione della *Pietà,* una volta esistente nella Chiesa di S. Stefano a Molfetta, oggi trafugata. Come già accennato nell'introduzione, nell'arte sacra non contava il fatto ripetitivo delle tematiche, ma l'importanza delle rappresentazioni era riposta sulle emozioni che le figure sacre sapevano suscitare nel credente.

L'ORATORIO DELLA CHIESA SS. ANNUNZIATA DI OSTUNI

Il Convento dei Francescani Riformati di Ostuni fu ampliato all'inizio del Seicento con la costruzione di un oratorio, del dormitorio, del coro superiore e di una nuova sagrestia. Benigno Francesco Perrone, nella sua opera *Conventi della Serafica Riforma di S. Nicolò in Puglia (1590-1835)*, chiarisce i motivi di questi ampliamenti: «*Con tale complesso di opere i padri riformati si proposero di realizzare fini ben precisi. Essi cioè, non solo crearono nuovi locali adatti per le loro iniziative di apostolato come l'oratorio, ma trasformarono in coro inferiore, l'oratorio, la sala*

Fig. 16. Ostuni, Chiesa della SS. Annunziata.

della vecchia sagrestia, trasportando gli stalli lignei che l'Osservanza aveva impiantato sul presbiterio»[10].

Nel 1743, a seguito di un devastante terremoto, la chiesa della SS. Annunziata (fig. 16) con tutte le sue cappelle aveva subito danni notevoli. Tra il 1773 e il 1782 gli interni della chiesa furono completamente modificati da valenti capimastri della famiglia Greco, fra cui lo scultore Giuseppe Greco[11] che fu tra l'altro artefice di numerosi altari e di tutte le stuccature in stile rococò.

Nell'anno 1782 fu anche stuccato il coro inferiore, come segnala Luigi Greco: «*Anche il coro inferiore, cioè l'oratorio nel 1782 fu riempito di stucchi e di dipinti nelle unghie della volta e sulla parete retrostante l'abside*»[12].

Tra i benefattori di questi restauri risultano i Palmieri di Monopoli e i Petraroli, i Carissimi, i Fina, i Trinchera e i Tanzarella di Ostuni. L'università e il popolo di Ostuni approvarono favorevolmente, senza ulteriori aiuti, le iniziative dei frati minori osservanti e riformati.

Alla fine del Settecento il monastero dei Francescani Riformati di Ostuni si trovava in mezzo alla città in fase di espansione sotto la spinta economica e sociale della borghesia. Conseguentemente il convento acquistava sempre maggiore importanza come centro di cultura e di fede, mentre la chiesa continuava ad arricchirsi di altari e opere d'arte.

In questo frangente si trattò senza dubbio di un grandissimo onore per il giovane pittore ventitreenne di Cisternino, Barnaba Zizzi, l'essere chiamato dai padri riformati ad affrescare il coro inferiore, sede del loro oratorio, luogo di preghiera e meditazione. Benigno Francesco Perrone attesta nell'opera citata la presenza di Zizzi tra i pittori della SS. Annunziata: «*Una piccola pinacoteca di fr. Giacomo da San Vito dei Normanni - Corrado Giaquinto dipinge la tela della Natività di Maria e Barnaba Zizzi da Cisternino affresca la Cena del Signore e Scene della Passione (1785)...*»[13].

I sei medaglioni della Passione

Non è stato possibile riscontrare negli archivi di Ostuni notizie sui nomi dei committenti. Potrebbe trattarsi probabilmente del canonico Onofrio Tanzarella o dei vari frati francescani che hanno fatto riportare i loro nomi nelle iscrizioni dedicatorie, contenute sotto i medaglioni della *Passione* presenti nell'oratorio.

Se si accede nell'oratorio, oggi adibito a sagrestia, si può subito intuire che le raffigurazioni di Barnaba Zizzi dovevano essere considerate opere molto stimate, dato il luogo dove si trovavano, oggetto di particolare venerazione per i monaci. Le scene dei sei medaglioni, pur riferite agli eventi drammatici della passione di Cristo, risultano in simbiosi col gusto delle cornici in stucco di stile rococò che le

---

[10] B. F. PERRONE, *I Conventi della serafica riforma di San Nicolò di Puglia (1590-1835)*, 3 voll., Galatina 1981-82, p. 80.

[11] Notizie su Giuseppe Greco in LUIGI GRECO, *Chiesa e Convento della SS. Annunziata*, in *La Chiesa di Maria SS. Annunziata in Ostuni - Storia e Arte*, Schena, 1998, p. 48.

[12] LUIGI GRECO, *Chiesa e convento...*, op. cit., p. 51.

[13] B. F. PERRONE, op. cit., p. 82.

Fig. 17. BARNABA ZIZZI, *Cristo davanti a Caifa*, Ostuni, SS. Annunziata, sagrestia.

adornano. Si tratta comunque di pitture velocemente eseguite con una certa superficialità, con colori misti a tempera che danno l'impressione di una pittura affrettata e spesso imprecisa nell'esecuzione, pur immettendo nell'andamento del racconto una emotività e una partecipazione quasi innocente allo svolgimento delle scene. Le singole raffigurazioni risultano non affollate di persone.

Le fonti delle singole scene si riferiscono al Vangelo di S. Giovanni 18,19. Si tratta quasi di una via crucis scadenzata ai sei giorni della settimana santa.

La prima stazione del lunedì si riferisce al F. P. Onofrio Tanzarella, *Cristo fu portato legato davanti al Sommo sacerdote Caifa che lo interrogava sulla sua dottrina* (Giovanni 18, 12-24) (fig. 17).

La seconda stazione del martedì al F. P. Nicolò Fina, *Cristo condotto davanti al pretore Pilato* (Giovanni 18, 28-40) (fig. 18).

Fig. 18. BARNABA ZIZZI, *Cristo davanti a Pilato*, Ostuni, SS. Annunziata, sagrestia.

Fig. 19. BARNABA ZIZZI, *Flagellazione di Cristo*, Ostuni, SS. Annunziata, sagrestia.

Fig. 20. BARNABA ZIZZI, *Incoronazione di spine*, Ostuni, SS. Annunziata, sagrestia.

Fig. 21. BARNABA ZIZZI, *Cristo porta la croce*, Ostuni, SS. Annunziata, sagrestia.

Fig. 22. BARNABA ZIZZI, *Crocifissione*, Ostuni, SS. Annunziata, sagrestia.

La terza stazione del mercoledì al reverendo Don Felice Fina, *Pilato fece prendere Gesù e lo fece flagellare* (Giov. 19, 1) (fig. 19).

La quarta stazione del giovedì al F.P. Francesco Tanzarella, *I soldati intrecciarono una corona di spine sul capo* (Giov. 19, 2-16) (fig. 20).

La quinta stazione del venerdì al F. P. Piero Trinchera, *Gesù porta la croce verso il luogo Golgota* (Giov. 19, 17-18) (fig. 21).

La sesta stazione del sabato al canonico Don Onofrio Tanzarella, *La Crocefissione* (Giov. 19,23) (fig. 22).

L'Ultima Cena

La rappresentazione dell'*Ultima Cena* (fig. 23) è riportata in posizione centrale sulla parete nord che simboleggiava liturgicamente, per la comunità monastica dei francescani, l'altare dell'Eucaristia. L'iconografia di tale raffigurazione è stata indubbiamente suggerita a Barnaba Zizzi dai frati della Serafica

Fig. 23. Barnaba Zizzi, *Ultima Cena*, Ostuni, SS. Annunziata, sagrestia.

Riforma con la figura di Cristo in piedi davanti al tavolo, rappresentazione non conforme alla tradizione.

Dalle accurate ricerche da me effettuate non è stato possibile ritrovare una tale visione da paragonare a quella dello Zizzi, anche se vi sono due esempi riferiti alla *Comunione degli apostoli, uno* di Giusto Gant (fig. 24) del 1460 nel

Fig. 24. GIUSTO GANT (1460), *Ultima Cena*, Urbino, Palazzo Ducale.

Palazzo Ducale di Urbino, e l'altro di Nicolas Poussin (1641-42), dipinto per Luigi XIII, oggi nel Louvre.

È da supporre che la formula iconografica dell'*Ultima Cena* a Ostuni sia stata sicuramente suggerita al pittore dalla committenza dei monaci riformati ai fini di porre la figura di Cristo in diretto contatto con i monaci nell'attuazione della liturgia eucaristica. Questo rapporto tra il mondo visivo dell'iconografia evangelica nell'affresco e la liturgia eucaristica dei monaci nasceva dall'impulso di attualizzare la storia della salvezza.

La scena dell'Istituzione eucaristica, ambientata in un'architettura classicheggiante con in alto due finestre ad arco che lasciano trasparire il cielo al tramonto, propone Cristo davanti alla tavola, in diretto contatto con la Comunità francescana raccolta nell'oratorio. Barnaba Zizzi riesce a conferire a questa scena pittorica una particolare intensità espressiva, lasciando percepire subito quanto avviene nel racconto del Vangelo di S. Giovanni: «*Non di tutti voi parlo: Io so quali ho scelto. Ma si deve compiere la Scrittura: Chi mangia il mio pane ha alzato contro di me il suo calcagno. Fin d'ora ve lo dico, prima che avvenga, perché quando sia avvenuto, crediate che Io sono. In verità, in verità vi dico: Chi riceve uno che io mando riceve me, ma chi riceve me riceve colui che mi ha mandato*» (XIII, 18-20). Poi

Fig. 25. BARNABA ZIZZI, cfr. 4 particolari S. Giovanni e Cristo di Ostuni e di Cisternino dell'*Ultima Cena*.

si vede il turbamento del suo viso apparentemente sereno: «*In verità, in verità vi dico, Uno di voi mi tradirà*» (XIII, 21). Dietro la figura di Cristo, al di là del tavolo, è visibile il movimento di eccitazione degli apostoli che «*Si guardavano l'uno l'altro i discepoli incerti di chi parlasse*» (XIII, 22). *Accanto a Cristo si prosterna Simone Pietro*. All'apostolo Giovanni, situato alla destra di Cristo, si rivolge ora Simone Pietro e chiede: «*Digli di chi parla egli?*» (XIII, 24) Cristo stesso dà la risposta: *E quello a cui io darò il boccone che intingerò. Intinge il boccone e lo da' a Giuda, figlio di Simone Iscariote (XIII, 26)*». Quest'ultimo è l'unico apostolo, raffigurato di spalla, seduto su una sedia a spalliera, l'unico che non guarda Cristo. Pietro insiste e dice: «*Dove vai tu?*» Gli risponde Gesù: «*Dove vado, non puoi seguirmi adesso, mi seguirai più tardi*» (XIII, 36). Gli dice Pietro: «*Signore perché non ti posso seguire adesso? Darò per te la mia vita*» (XIII, 37). E Gesù: «*Darai la tua vita per me? In verità, in verità ti dico: Non canterà il gallo che mi avrai rinnegato tre volte*» (XIII, 38).

S. Giovanni, come si sa, il più giovane e più amato apostolo di Cristo, viene raffigurato a fianco del Signore davanti al tavolo, con la testa inclinata, immerso nei suoi pensieri e con la mano sinistra affusolata, stretta sul cuore per sottolineare la sua fedeltà e comunione di pensiero con il Maestro (fig. 25). La presenza dell'apostolo Giovanni nel primo piano del dipinto aveva, per i francescani, anche un significato teologico, perché loro ricevevano dalla sua scrittura evangelica, e propriamente dal Prologo, il vero messaggio del pensiero del Signore. La trama di questo vangelo è finalizzata soprattutto a presentare Gesù come il Verbo (*Logos*) trascendente divino che si rivela incarnandosi nell'uomo. L'incarnazione non è fine a sé stessa ma diventa l'inizio del mistero della redenzione, attraverso un iter che contempla alla fine i momenti della morte e della resurrezione.

Per Giovanni il simbolismo risolto in sé stesso non ha motivo di esistere, ma solo se è legato a fatti storici contingenti. Il suo Vangelo, perciò, è una narrazione storica, fondata fedelmente sui fatti che portano a rivelare ciò che è trascendente e che si identifica con i beni divini della redenzione.

Solo così si può avere una mistica rivelazione e comprensione della comunione con la vita divina. Ne deriva che per il simbolismo giovanneo non si può che corrispondere al piano liturgico del Vangelo. Giovanni chiarisce il rapporto originario e essenziale del culto e specialmente dei sacramenti della Chiesa con la persona e l'opera del suo fondatore divino, che è Cristo. La liturgia, in particolare quella dei sacramenti, diventa il mezzo con cui fermare e perpetuare nella Chiesa la vita già terrena del Cristo, effettuando un prolungamento ideale, non visibile ma percepibile, dell'incarnazione del verbo-vita, con un risultato pratico, sui fedeli. Perché così, grazie alla liturgia ai suoi assertori sulla terra, Cristo può continuare nel mondo la sua opera di salvezza: «*Io sono il pane della vita e chi viene a me non avrà più fame e chi crede in me non avrà più sete*» (Giov. 6,35).

Quindi nella figura di S. Giovanni, in primo piano nell'*Ultima Cena*, i Francescani riformati vedevano il teologo per antonomasia.

Concludendo, possiamo constatare che questa rappresentazione dell'*Ultima Cena* come istituzione dell'Eucaristia serviva non solo alla devozione, ma anche alla continuazione della pratica eucaristica iniziata da Cristo e spiegata nel prologo di S. Giovanni.

Fig. 26. BARNABA ZIZZI, *Mater Salvatoris*, Ostuni, SS. Annunziata, sagrestia.

Fig. 27. BARNABA ZIZZI, *Redemptor Mundi*, Ostuni, SS. Annunziata, sagrestia.

L'affresco quindi assolveva alla doppia funzione di devozione e memoria di episodi evangelici realmente accaduti e rivissuti nella vita attuale della comunità monacale.

L'affresco o meglio la raffigurazione murale dell'*Ultima Cena* di Ostuni reca in calce sulla destra dell'osservatore la firma dell'autore: *OPUS BARNABAE ZIZZI CISTERNINENSI - AD MDCCLXXXV*, dipinto su intonaco speciale con colori misti olio tempera, di cm 250 x 290. Appare oggi di tonalità opaca e poco luminosa, a causa del fumo delle candele usate in passato e per le polveri depositate nel tempo. Nel medesimo stato si trovava la replica dell'*Ultima Cena* a Cisternino, prima del restauro effettuato nel 2003. Un'operazione di restauro servirebbe sicuramente anche all'affresco di Ostuni per riportarlo allo stato originale. Il dipinto murale si presenta allo spettatore in una prospettiva che evidenzia una costruzione ascendente, inserendo le linee delle architetture e dei personaggi in un ambiente spaziale classicheggiante.

La disposizione dei personaggi attorno al tavolo appare armoniosa e compatta, niente affatto farraginosa, come è stato affermato da altri critici d'arte. Il dipinto, anche se non denota una elevata qualità pittorica, assolve pienamente alla finalità devozionale e teologica per cui era stato concepito.

Ai due lati dell'affresco vi sono due tondi in rilievo stuccati con le rappresentazioni della *Mater Salvatoris* (fig. 26), di misura 80x62 cm, sulla sinistra dell'osservatore e del *Redemptor Mundi* (fig. 27*)*, di misura 80x62 cm sulla destra, attribuibili al medesimo autore.

I DIPINTI NEL SS. SACRAMENTO DELLA CHIESA MADRE DI CISTERNINO

La Confraternita del SS. Sacramento, fondata nel 1500 circa, si era trasferita dalla prima sede, sotto la Matrice, nella nuova cappella del SS. Sacramento a fianco alla navata centrale, nel 1579. Come accennato precedentemente, per molto tempo, sino alla fine del Settecento, la Cappella era rimasta priva di decorazioni e di quadri rilevanti. Soltanto alla fine del Settecento-inizio Ottocento la cappella del SS. Sacramento fu decorata di stucchi colorati, predisponendo gli spazi per due grandi tele sulle pareti ovest e est, quattro medaglioni negli spazi superiori a vele e altri tre sulla parete sud (fig. 28).

Fig. 28. Cisternino, Chiesa Madre, Cappella SS. Sacramento.

L'Ultima Cena

L'iscrizione rinvenuta dietro la tela dell'*Ultima Cena* attesta che detto dipinto fu commissionato dal dottor canonico Oronzo Maria Pepe.

Recentemente i restauratori dell'*Ultima Cena*, prof. Giuseppe Calella e sig.na Anna Maria Nitti, hanno ritrovato, nel disgiungere e separare la tela del dipin-

Fig. 29. Barnaba Zizzi (attrib.), *Ultima Cena*, Cisternino, Chiesa Madre, SS. Sacramento.

Fig. 29bis. Foto prima del restauro.

Fig. 23. Cfr. Barnaba Zizzi, *Ultima Cena*, Ostuni, SS. Annunziata, sagrestia.

to da una di supporto, una iscrizione sul retro del dipinto in basso a destra, che qui si riporta:

D^{ni} J̄.J.Dris Orontii C^{ci} Pepe,

la cui interpretazione, redatta da Raffaele Semeraro, può essere la seguente:

D(omi)ni D(octo)ris (U(triusque)

J̄(uris) Orontii G(entili)ci(us) Pepe

(proprietà del Dottore in entrambi i rami del Diritto Oronzo della famiglia gentilizia Pepe).

Dall'archivio capitolare si è potuto rilevare che Oronzo Maria Pepe era nato il 27 marzo 1716 da Francesco Paolo, dottor fisico, e da Vittoria Cristofaro. Il nome del canonico Pepe si ritrova in una conclusione capitolare del vescovo Iorio del 1740 con l'indicazione *Oronzo Pepe, subdiacono, assente causa studi*. Dal 1745-46 Don Oronzo Pepe rivestiva l'incarico di procuratore. Nella Visita del vescovo Domenico Russo, 28 ottobre 1782, ove i preti del Capitolo vengono nominati solo con il cognome, tra questi vi sono i canonici Don Zizzi e Don Pepe. Il canonico Pepe, non risulta deceduto a Cisternino.

È da supporre che il Pepe, conoscendo l'opera dell'*Ultima Cena* di Ostuni, abbia potuto commissionare la tela dall'uguale tema a Barnaba Zizzi per poi donarla alla Chiesa Madre per il SS. Sacramento (figg. 29-29bis).

Anche la tela del *Compianto di Cristo morto* sulla parete ad oriente reca nella parte inferiore a destra il nome di Antonio con accanto uno stemma nobiliare (scala con sopra una corona affiancata da una stella), riferentesi probabilmente ad un committente di cui non è più leggibile il nome.

La firma dell'autore, forse riportata in calce al dipinto, era andata probabilmente persa al momento dell'adattamento delle tele alle cornici stuccate, già predisposte sulle pareti.

Per adattare le due grandi tele nelle cornici, esse vennero modificate con tagli sia nelle parti laterali che in quelle sottostanti. Si può subito notare che la tela della pittura murale di Ostuni dell'*Ultima Cena*, come anche la tela corrispondente di Cisternino, presentano le medesime dimensioni: circa 250x290 cm a Ostuni e 250x270 cm a Cisternino. Anche l'altezza e la larghezza delle singole figure, da me misurate, risultano uguali. Ciò potrebbe dipendere dal riutilizzo del medesimo disegno preparatorio o meglio del cartone nell'eseguire la tela di Cisternino. Per l'ipotesi del cartone vi sono alcuni indizi emersi durante le operazioni di restauro, cioè *pentimenti* e ridipinture sul disegno di fondo, come ad esempio due nasi, due piedi, due mani. Queste insicurezze del disegno preparatorio sono da riportare, a mio avviso, all'uso del cartone che si spostava mentre il pittore lavorava con lo spolvero.

A seguito dei tagli laterali, operati durante l'applicazione alle cornici di stucco predisposte, si è verificato un restringimento della composizione con la conseguente eliminazione di quasi tutti gli elementi architettonici del cenacolo e parti degli apostoli laterali, particolari invece presenti ad Ostuni. Per questi motivi la tela di Cisternino risulta più compressa e meno prospettica. Le sagome dei personaggi, i loro movimenti, la loro posizione nello spazio sono però uguali a quelli della pittura murale dell'*Ultima Cena* ad Ostuni.

Naturalmente l'esecuzione delle due raffigurazioni effettuate con tecniche differenti, affresco quella di Ostuni, tela ad olio quella di Cisternino, ha comportato alcune diversità nei dettagli, intervenute probabilmente durante l'esecuzione, come ad esempio nel tratteggio della faccia giovanile di S. Giovanni, o nelle diverse stesure dei paramenti, e nell'applicazione variata dei colori secondo la tecnica, affresco ad Ostuni, tela ad olio a Cisternino. È da aggiungere poi che la tela di Cisternino ha subìto già in epoca imprecisabile alcuni restauri che hanno parzialmente modificato l'aspetto originale.

Oggi il quadro di Cisternino, da attribuire anch'esso a Barnaba Zizzi, dipinto su tela di canapa, come tutti i dipinti presenti nel SS. Sacramento, è tornato ad essere molto luminoso a seguito di un professionale restauro nel cui corso si è proceduto ad un evidente ritocco e rinfresco dei colori, così da farlo apparire in modo diverso dallo stato opaco in cui si trovava.

Il compianto su Cristo Morto

Sulla parete ad oriente del SS. Sacramento di Cisternino si trova l'altro quadro della medesima forma e grandezza, rappresentante il *Compianto su Cristo morto* (fig. 30), nella misura di 250x270 cm, che è da attribuire anche a Barnaba Zizzi, come si rileva dalla costruzione della composizione, dalla similitudine dei volti, dall'atteggiamento dei personaggi, dalla loro espressività, dalla tavolozza cromatica e dall'armonia raccolta della scena.

Al centro della composizione è la Madonna seduta in atteggiamento addolorato e colmo di profonda tristezza, con lo sguardo rivolto verso il cielo e la mano destra tesa in avanti come per invocare a Dio Padre pietà per il Figlio amato. Sul collo della Madonna è visibile il pugnale, quale simbolo dei Sette Dolori di Maria. Gesù è disteso accanto a lei, poggiando la testa piegata sul suo grembo.

A destra di Cristo morto siede Maria Maddalena (fig. 31) con la testa umilmente piegata per baciare la sua mano. Maria Maddalena è rappresentata, seguendo la tradizione, con i lunghi capelli sciolti in ricordo dell'episodio narrato dai Vangeli in cui ella asciuga i piedi di Gesù, bagnati con le sue lacrime di pentimento. Dietro di lei, in piedi, vi è San Giovanni in atto di piegarsi in avanti col volto stupìto nel vedere Gesù morto. Sulla destra si vedono pure in piedi Nicodemo e Giuseppe d'Arimatea in atteggiamento di profonda partecipazione all'evento doloroso ma irreparabile.

Davanti a Cristo si vede un braciere contenente la corona di spine su cui poggia il cartiglio con l'iscrizione INRI, esplicita allusione al sacrificio del Cristo.

Il corpo di Cristo morto è raffigurato in una ardita disposizione costruita su diagonali di tre direttrici obliquamente ascendenti verso l'apice, che è formato dalla Madonna. Questa accentuata controdiagonale nella composizione del corpo morto in abbandono rivela un realismo quasi nordico, che rimanda ad artisti come Grünewald o Dürer, con la differenza che il volto di Gesù qui appare sereno e rilassato, in contrasto con il corpo contorto dalle sofferenze.

La raffigurazione della Pietà che costituisce il gruppo centrale riproduce, come già accennato, una rappresentazione di un dipinto anonimo, una volta

Fig. 30. BARNABA ZIZZI (attrib.), *Il compianto su Cristo morto*, Cisternino, Chiesa Madre, SS. Sacramento.

presente nella chiesa di S. Stefano a Molfetta, andato perso, ma di cui fortunatamente abbiamo una riproduzione fotografica (figg. 32, 33).

Nell'ascesa delle controdiagonali del corpo di Cristo e nel volto addolorato della Madonna si rivela la presenza di una tensione altamente drammatica, sottolineata dalla fonte di luce che si proietta sul triangolo costituito dai corpi di Cristo, della Madonna e della Maddalena. La tematica del dipinto si riallaccia alla tradizione manieristica che segue i registri psicologici ed emotivi dell'angoscia e del dolore, espressi dai volti e dai movimenti delle mani alzate.

I tre personaggi disposti dietro la scena principale formano un contrasto con

Fig. 30bis. Cfr. foto prima del restauro.

le figure principali della scena, contrapposizione evidenziata dai colori caldi dei paramenti pesanti e lanosi poco illuminati, dai visi quasi in penombra e dalla loro staticità, non rivelando quindi particolare drammaticità, ma più irrequietezza ed angoscia.

La tematica del *Compianto su Cristo morto* si riconduce al testo del Vangelo di S. Giovanni 19, 38-42 relativa alla *Sepoltura*:

> *Dopo questi fatti, Giuseppe d'Arimatea,*
> *che era discepolo di Gesù, ma di nascosto*
> *per paura dei Giudei, chiese a Pilato di*
> *portar via il corpo di lui, andò anche*
> *Nicodemo, quello che di notte era stato*
> *la prima volta da lui, portando una*
> *mistura di mirra e d'aloe, di circa cento*
> *libbre. Presero dunque il corpo di Gesù*
> *e lo avvolsero in lini con gli aromi, come*
> *i Giudei sono soliti seppellire. Nel luogo*
> *dove fu crocifisso c'era un giardino*
> *e nel giardino un sepolcro nuovo,*
> *dove nessuno ancora era stato deposto.*
> *Lì deposero Gesù perché era la Parasceve*
> *dei Giudei e il sepolcro era vicino.*

Fig. 31. BARNABA ZIZZI (attrib.), particolare del *Compianto*, Maddalena, Cisternino, Chiesa Madre, SS. Sacramento.

Figg. 32. Barnaba Zizzi (attrib.), *Compianto*, particolare Pietà, Cisternino, Chiesa Madre, SS. Sacramento.

Figg. 33. Ignoto, *Pietà*, Molfetta, Chiesa S. Stefano.

Fig. 34. Nicola Porta, *Mosè nel deserto*, Molfetta, Chiesa di S. Domenico.

La composizione del *Compianto su Cristo* segue in modo evidente la tradizione pittorica dei periodi rinascimentale e barocco. Giuseppe d'Arimatea a destra della Pietà rivela evidenti similitudini con il personaggio a destra di "Mosè" nel quadro del Porta nella Chiesa di S. Domenico a Molfetta (fig. 34).

Le tele dell'*Ultima Cena* e del *Compianto su Cristo Morto* sono state egregiamente restaurate a Cisternino nel 2003/04 presso il laboratorio di restauro di Anna Maria Nitti, Paola Centurini e Elisabetta Garigliano.

I sette medaglioni della Vita e Passione di Cristo attribuiti a Barnaba Zizi

I tre ovali, della *Immacolata Concezione*, di *San Giovanni* e di *Gesù il Buon Pastore*, formavano, quando furono originariamente esposti nella cappella del SS. Sacramento e tornati anche oggi ad avere la stessa funzione, disposti al lato della grande tela dell'*Ultima cena*, una unità iconografica. Queste raffigurazioni costituiscono così un susseguirsi cronologico di contenuti diretti ad evidenziare ed a testimoniare la teofania contemplata da Giovanni, che si estrinseca nelle diverse affermazioni: la filiazione divina di Gesù, tramite l'Immacolata Concezione di Maria che da Vergine partoriva; il Battesimo di Cristo esercitato da Giovanni Battista che riconosce Gesù come Agnello di Dio, e infine il giovane Cristo che diventa il Buon Pastore trasmettendo il suo messaggio messianico.

Barnaba Zizzi raffigura la *Madonna Immacolata* (fig. 35), nella misura di 116x72 cm, secondo la tradizionale iconografia, come una giovane donna con una semplice veste rossa di stoffa pesante e lanosa, con sopra una larga blusa dalle cui ampie maniche escono i polsini rossi della sottoveste; ha le mani affusolate, incrociate sul petto, gesto simbolico di umiltà; è avvolta da un ampio mantello azzurro posato sulle spalle che ricade a larghe pieghe in basso sulla parte posteriore. La sua figura è rappresentata per intero nel tipico movimento tardo-barocco di ascesa, con il piede sinistro poggiato su una pietra a forma di mezza luna, simbolo di castità. La mezza luna ricorda anche che, come la luna prende luce dal sole, così Maria deriva la sua virtù dalla grazia di Cristo.

Sotto il piede destro della Madonna si vedono le spire di un serpente che essa calpesta, redimendo l'umanità dal peccato originale. La sua testa ripiegata a sinistra verso il basso è coperta da un velo che ricade in maniera svolazzante sulla spalla sinistra, sottolineando il suo movimento di ascensione. In basso, sul suo lato sinistro, quasi nascosto sotto il mantello, si vede un grazioso angioletto con occhi socchiusi, rannicchiato ai suoi piedi, con un meraviglioso grande giglio in mano, simbolo di innocenza, purezza e verginità. Quello che colpisce in questa Madonna è la grande dolcezza e interiorità dell'espressione del volto.

Che si tratti di opera di Barnaba Zizzi si può desumere dalla evidente somiglianza con la *Mater Salvatoris* rappresentata a mezzo busto nel medaglione esistente sulla sinistra nella sagrestia della SS. Annunziata di Ostuni, dell'affresco dell'*Ultima Cena*: testa reclinata allo stesso modo, medesimi lineamenti e dolcezza del volto, sovrapposizione delle mani e alone di luce intorno alla testa. Del resto, questo ovale si immette sulla scia delle numerosissime rappresentazioni dell'Immacolata Concezione, come quella dipinta da Nicola Porta, oggi

Fig. 35. BARNABA ZIZZI (attrib.), *Immacolata Concezione*, Cisternino, Chiesa Madre, SS. Sacramento.

Fig. 37. Corrado Giaquinto, *Immacolata Concezione e il Profeta Elia*, Montefortino, Pinacoteca.

Fig. 36. Cfr. Nicola Porta, *Immacolata Concezione*, Molfetta, Istituto S. Luigi, refettorio.

conservata nel refettorio dell'Istituto San Luigi di Molfetta (fig. 36), o quella di Corrado Giaquinto (fig. 37) nella Pinacoteca di Montefortino.

Il secondo ovale comprende l'immagine di *S. Giovanni Battista* (fig. 38), nella misura di 105x72 cm, raffigurato a mezzo profilo con la testa di lato rivolta in basso verso l'agnello che si trova alla sua destra con le zampe anteriori posate sulla gamba. La figura assisa di Giovanni Battista, avvolta in un ampio mantello rosso, lascia intravedere la parte superiore del corpo nudo. La mano sinistra regge un bastone alla cui sommità è attaccata una bandierina ondeggiante con la tradizionale scritta *Ecce Agnus Dei*, mentre la sua destra posa sul petto. Questa composizione di S. Giovanni Battista rispecchia in tutti i dettagli, bandierina, agnello, mano destra, il contenuto del capitolo 1, 29-34 del Vangelo di San Giovanni Evangelista: «*Il giorno dopo vede venire Gesù verso di lui ed esclama: Ecco l'agnello di Dio che toglie il peccato del mondo! È di lui che ho detto: dietro a me viene un uomo che sta avanti a me, perché era prima di me. Neppure io lo conoscevo; ma proprio perché fosse manifestato a Israele sono venuto io a battezzare nell'acqua*».

Il *giorno dopo* si riferisce al secondo giorno di attività messianica e l'*Agnello di Dio* è il primo titolo messianico dato a Gesù dal Battista nella prima settimana della sua attività messianica, mentre col gesto della mano destra sul petto testimonia che Cristo è il figlio di Dio.

Fig. 38. BARNABA ZIZZI (attrib.), *S. Giovanni Battista*, Cisternino, Chiesa Madre, SS. Sacramento.

Fig. 39. BARNABA ZIZZI (attrib.), *Cristo Buon Pastore*, Cisternino, Chiesa Madre, SS. Sacramento.

Il terzo ovale, nella misura 105x72, raffigura Gesù che regge sulle spalle un agnello nelle vesti del *Buon Pastore* (fig. 39): indossa una tunica bruna dalle cui maniche fuoriescono le mani robuste che stringono fortemente le zampe dell'agnello, mentre un mantello verde ricade in basso avvolgendolo. Il viso barbato di Gesù in età giovanile con lunghi capelli ondulati rivela l'espressione serena e gioiosa del Pastore che ha ritrovato la sua pecora smarrita.

Il tema della raffigurazione ha la sua fonte nel Vangelo di San Luca (15, 1-7), ove nella parabola della pecorella smarrita si legge: «*Pubblicani e peccatori d'ogni specie s'avvicinavano a lui per udirlo e i farisei e gli scribi mormoravano dicendo: "Costui accoglie i peccatori e mangia con essi". Ma egli disse loro questa parabola: "Chi di voi, avendo cento pecore e avendone perduta una, non ne lascia novantanove nel deserto e non si mette sulle tracce della perduta finché non la trovi? Quando poi l'ha ritrovata pieno di gioia se la carica sulle spalle e, giunto a casa, raduna gli amici e i vicini, dicendo: "Fate festa con me perché ho ritrovato la mia pecora che s'era smarrita. Vi dico che allo stesso modo ci sarà più gioia in cielo per un peccatore che si converte, che non per novantanove giusti i quali non hanno bisogno di pentirsi"*».

L'iconografia del *Buon Pastore* risale ai primi secoli del cristianesimo, come ad esempio si può vedere in un pannello dello splendido mosaico pavimentale della Cattedrale di Aquileia del IV secolo.

Il tipo iconografico del *Buon Pastore* aveva trovato particolare favore nel periodo barocco, il che è testimoniato da numerose raffigurazioni.

Fig. 40. BARNABA ZIZZI (attrib.), *Gesù al Getsemani*, Cisternino, Chiesa Madre, SS. Sacramento.

Mentre i primi tre ovali si riferiscono ad episodi della vita giovanile di Cristo, i quattro ulteriori invece rappresentano momenti drammatici della sua Passione. Come già descritto per i primi tre ovali, anche i quattro ulteriori formano una unità iconografica, ispirata al Vangelo di San Giovanni 19, 1-2: *Gesù al Getsemani, Flagellazione, Coronazione di spine* e *Gesù porta la croce*.

Questi ovali, tutti di misura di 105x72 cm, attribuiti anche a Barnaba Zizzi, sono oggi collocati sulla parete orientale, attorno alla grande tela del *Compianto di Cristo morto* della Cappella del SS. Sacramento.

L'ovale di *Gesù al Getsemani* (fig. 40) rappresenta frontalmente la figura di

Fig. 41. Barnaba Zizzi (attrib.), *Flagellazione*, Cisternino, Chiesa Madre, SS. Sacramento.

Fig. 42. Barnaba Zizzi (attrib.), *Incoronazione di spine*, Cisternino, Chiesa Madre, SS. Sacramento.

Cristo con la testa rivolta in alto verso l'angelo di profilo che indica con la mano sinistra il calice della passione, stretto nella mano destra. Cristo veste una tunica rosso-bruna su cui posa un mantello blu scuro, che scende dalla spalla lungo la parte destra del suo corpo; ha le mani congiunte in preghiera, il viso barbato, la bocca socchiusa in atto di parlare con Dio, gli occhi rivolti in alto, lunga capigliatura ondeggiante.

La santità del luogo è simboleggiata dalla tenda, tratteggiata a sinistra di Cristo, dietro la quale è racchiuso il luogo sacro e nello stesso tempo, sulla sua testa, l'angelo appare come messaggero divino recandogli il calice della passione. La raffigurazione attinge sia al testo di San Marco 14,32, che a quello di San Luca 22,43 quando si parla dell'angelo. In San Marco 14,32 leggiamo: «*E vengono in un podere, il cui nome è Getsemani, e dice ai suoi discepoli: "Sedetevi qui fin tanto che io prego". E prende con sé Pietro e Giacomo e Giovanni e comincia a essere oppresso dallo sbigottimento e dall'angoscia. E dice loro: "L'anima mia è immersa nella tristezza fino a morirne. Restate qui e vegliate". E discostatosi un poco, cadeva in terra e pregava che, se fosse possibile, passasse quell'ora da lui. E diceva: "Abba (Padre)! A te tutto è possibile. Allontana da me questo calice. Però non ciò che voglio io, ma ciò che tu vuoi"*». Cristo prega, quindi, invocando per tre volte l'aiuto di Dio, mentre i suoi discepoli si erano addormentati.

La frase «*però non ciò che io voglio, ma ciò che tu vuoi*» è il concetto chiave per

Fig. 43. BARNABA ZIZZI (attrib.), *Cristo porta la Croce*, Cisternino, Chiesa Madre, SS. Sacramento.

interpretare la figura, che svela la presenza in Cristo di due nature e di due volontà, l'umana e la divina in una sola persona. La natura umana prevede tutti gli orrori della vicina Passione, ha paura, ne rimane sconcertata; la natura divina però gli fa sopportare con perfetta rassegnazione lo sgomento di quanto lo attende, aiutato e consolato dall'angelo, come descritto in San Luca 22,43: «*Allora gli apparve un angelo dal cielo e lo rincorava. Poi, in preda all'angoscia, pregava con più intensità e il suo sudore divenne simile a grumi di sangue che scendevano a terra*».

È molto interessante vedere come il pittore riesce a rivelare nella figura del

Cristo sia pensieri intimi e sottili che pervadono il suo volto, dandogli un'espressione disperata e angustiata, sia l'atteggiamento rassegnato, lenito dall'intensità della preghiera in cui si immerge e che si estrinseca nello stringere con forza le mani congiunte.

Un altro contrasto è rivelato anche dallo sguardo dolce e pieno di comprensione dell'angelo, nell'indicare con la mano il calice della Passione che Cristo dovrà bere sino in fondo.

Il secondo ovale, che si riferisce alla *Flagellazione di Cristo* (fig. 41), trova la sua fonte nel Vangelo di San Giovanni 19,1-2: «*Allora Pilato fece prendere Gesù e lo fece flagellare*». In questa tela manca la vera flagellazione, eseguita dagli aguzzini con fruste o con fasci di rovi, ma si tratta della scena di Cristo legato alla colonna dopo la flagellazione. Ci colpisce l'anatomia perfetta del corpo inclinato e l'espressione rassegnata di Cristo dopo aver subìto la feroce violenza.

Il terzo ovale, *Incoronazione di spine* (fig. 42), si ispira fedelmente al testo di San Giovanni 10,1-2: «*I soldati intrecciarono una corona di spine e gliela posero sul capo. Gli misero addosso un manto di porpora, gli andavano vicino e dicevano: "Salve, o re dei Giudei!" e gli davano schiaffi*». Nella raffigurazione di Barnaba Zizzi vengono messi in evidenza i beffardi segni regali della canna e del mantello purpureo, e la scena si potrebbe anche intitolare *Cristo deriso*. Lo sguardo degli occhi di Cristo dopo le ripetute umiliazioni rivela una espressione ben diversa da quello dell'ovale *Cristo al Getsemani*. Adesso lo sguardo non è più di questo mondo terreno: è assorto, lontano, già in un altro regno.

Nell'espressione evangelica *O salve re dei Giudei!* sentiamo la proclamazione ufficiale della regalità messianica di Cristo, ma il suo regno non è di questo mondo, né questo regno si stabilisce con la forza e la violenza. L'arma di Gesù è l'amore, che gli dà la forza di immolarsi per la vita dell'uomo. La sua Passione di questi ultimi tre ovali è l'affermazione per eccellenza del Messia-Re e la croce il trono della sua gloria. Questo amore di Cristo, intriso di grande dolcezza e di silenzioso dolore.

L'ultimo ovale rappresenta *Cristo porta la Croce* (fig. 43), ispirato alle parole di Giovanni 19: «*Presero dunque Gesù. Ed Egli, portandosi la croce, uscì verso il luogo detto del cranio, in ebraico Golgota*». La figura inclinata di Cristo in profilo con una espressione di sofferenza, interiorizzata al massimo nel viso, sorregge con le due mani la pesante trave della croce. Veste una tunica bruna che accentua la triste atmosfera dell'evento doloroso. Questa cupa atmosfera si rispecchia nello squarcio di un paesaggio freddo e silenzioso che emerge sul fondale.

La fonte di luce di tutti gli ovali si proietta frontalmente mettendo in evidenza i volti e le parti principali del corpo.

Proprio in questi ovali, che possono ricordare alcune stazioni della Passione, Barnaba Zizzi ci spiega che tra le sue ispirazioni barocche-naturalistiche-rinascimentali non c'è rottura, bensì incremento quantitativo-dinamico. In queste figure degli ovali riprende in pieno le forme classiche, ma nello stesso tempo le mette in movimenti dinamici, espressi nella gestualità delle mani e dei corpi. Proprio in questi ovali monumentali possiamo seguire la compenetrazione e contiguità senza rottura delle sue esperienze pittoriche, che vanno dal rinascimento al barocco e sfociano nel neoclassicismo.

I sette medaglioni sono stati restaurati sapientemente da Valentino De Sario di Oria nel 2004.

Madonna delle Rose col Bambino tra Santa Rosa da Lima e San Francesco di Sales in Santa Maria degli Angeli a Brindisi

In un manoscritto di Benvenuto Ribezzi, ove sono elencate le vie comunali di Latiano, riguardo alla via Barnaba Zizzi viene segnalato, di questo pittore, un quadro esistente nella Chiesa S. Maria degli Angeli a Brindisi (fig. 44). La tela doveva avere una certa importanza, e per questa segnalazione e per la notorietà che l'autore continuava ad avere anche dopo la sua scomparsa.

Si tratta infatti di una Madonna col bambino, attorniata da due santi. La notizia riportata anche da M. Guastella nel suo libro *La Madonna nella pittura del Cinque Sei e Settecento con riferimento a Brindisi, in Virgo Beatissima Interpre-*

Fig. 44. Brindisi, Chiesa S. Maria degli Angeli.

Fig. 45. BARNABA ZIZZI, *La Madonna delle Rose col Bambino tra S. Rosa da Lima e S. Francesco di Sales*, Brindisi, Chiesa S. Maria degli Angeli.

tazioni mariane a Brindisi, p. 182, ove si legge: «*Ad un pittore locale, da riconoscere in Barnaba Zizzi, è da assegnare l'apparizione della Madonna col bambino ed i SS. Francesco di Sales e Rosa della Chiesa di S. Maria degli Angeli* (di Brindisi). *Nelle sembianze del volto di Maria sono riconoscibili caratteri tipici del repertorio figurativo del pittore latianese. In uno stringente confronto con la Madonna del Carmelo (Biblioteca arcivescovile "A. De Leo", già in Latiano, S. Antonio) affiorano, in tutta evidenza, somiglianze fisionomiche tra due modelle raffiguranti Maria, sì da consentire l'attribuzione della tela di S. Maria degli Angeli al medesimo autore, che potrebbe averla dipinta tra l'ottavo e nono decennio circa del XVIII secolo*».

Il quadro, nella misura di 145x200 cm, dipinto ad olio su tela di canapa, si trova ancora nella prima cappelletta a destra, subito dopo l'ingresso, nella chiesa di S. Maria degli Angeli. Risulta collocato sulla parete orientale della cappelletta (fig. 45). Nella tela rettangolare, il pittore ha tratteggiato una forma ovale, dove ha immesso la sua composizione.

Alle spalle di San Francesco di Sales, in basso, si vede una parte di un leggio, mentre nella zona superiore s'innalza una colonna che va a perdersi dietro l'arco. Tra arco e colonna si apre uno squarcio di cielo che svela una delicata

Fig. 46. BARNABA ZIZZI, particolare *Madonna delle Rose col Bambino e S. Rosa*.

atmosfera di luce soffusa roseo-azzurra al momento del tramonto. Con tale accortezza, già ricorrente in altri dipinti, di architetture ideali, come ad esempio nell'*Ultima Cena* di Ostuni o nel dipinto mitologico di *Venere e Vulcano* di Latiano, il pittore riesce a creare, con una gamma cromatica, una prospettiva particolare, che conferisce una maggiore profondità alla scena.

I personaggi sono immersi in un fascio di luce che, proveniente dal cielo, si diffonde a forma di triangolo verso il basso. Sui due lati in alto emergono tra le nubi le teste di due coppie di angioletti, alla stessa maniera del dipinto di *SS. Quirico e Giulitta* e della *Madonna del Soccorso* a Cisternino.

La composizione di *Maria col bambino, S. Rosa da Lima e S. Francesco di Sales* risulta armonica ed equilibrata. Le due figure di Santi si dispongono attorno alla Madonna che funge da asse centrale, seguendo, secondo lo schema rinascimentale, una forma triangolare il cui vertice coincide con la testa della Madonna. Vasari avrebbe parlato, anche nei riguardi di questa composizione, delle "*buone regole*", essendovi la relazione ben definita tra figura e spazio architettonico e le pose armoniose e altamente serene. Non esiste una gestualità fuori posto. La Madonna e il bambino sono raffigurati per intero. La Madonna è adagiata su una nuvola, e ha il piede destro racchiuso in un sandalo, che sporge in avanti. Veste una tunica ocra, avvolta da un ampio manto azzurro, e sui capelli porta un copricapo. Tiene nella mano destra, tra pollice e indice, una rosa bianca dal cui stelo si diparte il bianco velo, che, con la rosa, sono i simboli della sua verginità. Il velo scende al di sotto del cuscino, finendo sul grembo della Madonna. Gesù bambino nudo sta in piedi di lato sul cuscino, benedicendo con la destra, mentre con la sinistra toglie una rosa bianca da un vaso e la porge a Santa Rosa.

Si tratta quindi, in questa immagine devozionale, di una *Madonna delle Rose* (fig. 46). La rosa viene messa in relazione alle raffigurazioni della Madonna già a partire dal Medioevo, ma è proprio nel periodo gotico, poi rinascimentale e nel Settecento che ebbe la sua massima diffusione. La denominazione di Madonna delle Rose risulta particolarmente appropriata al culto della Vergine Maria, in considerazione della devozione "*mariana*" che i fedeli osservano durante il mese di maggio, in cui fioriscono le rose. Da sempre il popolo cristiano ha percepito la Maternità di Maria come una grazia del Signore e ha voluto manifestarle la propria gratitudine per il dono ricevuto, dedicando un mese alla Madonna delle Rose, chiamata anche rosa fulgida, Vergine santa Immacolata pura.

Ed è proprio la rosa, simbolo della purezza, che lascia comprendere la presenza dei due Santi attorno alla Madonna: *Rosa da Lima*, vergine, che rafforza questa purezza tramite una vita di penitenza; e *Francesco di Sales*, per la purezza di pensiero dimostrata nel suo operato.

Si ricorda a questo proposito che il nome di battesimo di Santa Rosa, nata a Lima in Perù nel 1586, era originariamente Isabella, ma il colorito e la bellezza le fecero meritare il nome di Rosa. Fin dall'infanzia dimostrò una forte capacità di sopportazione dei duri contrasti della vita e di affermazione del suo costante amore per Cristo. Entrata ben presto nell'Ordine delle Domenicane, viveva solitaria in una piccola cella, cibandosi di pane e erbe, sottoponendosi a dure penitenze. Nella sofferenza ella cercava di indicare l'unica via di redenzione, da offrire al Signore per conseguire la salvezza e la conversione dei non credenti. Morì a Lima come vergine alla giovane età di 31 anni, fu canonizzata nel 1671 e venerata come patrona del Sud-America.

Nel dipinto di Barnaba Zizzi la figura della Santa è rappresentata genuflessa verso il bambino, vestita con l'abito delle Domenicane terziarie, stringendo un mazzo di rose bianche nella mano sinistra, mentre con la destra si protende nell'atto di ricevere la rosa bianca che le porge il bambino.

S. Francesco di Sales, nato nel 1567 nel Castello di Sales presso Thorens, Savoia, e morto nel 1622 a Lione, vestito con una tunica di colore blu scuro, avvolto da una mantellina bruna, è rappresentato di profilo, piegato verso la Madonna, mentre, divaricando con le due mani il vestito, scopre il petto in segno di devozione alla Madonna. Insieme a Giovanna Francesca di Chantal egli fondò nel 1610 l'*Ordine della Visitazione di Nostra Signora*, concepito come comunità senza voti e senza clausura. Il suo pensiero è raccolto nella *Filotea* (1609) o *Introduzione alla vita devota*. Scrisse anche il *Trattato dell'amore di Dio* (1616). Vescovo, Confessore, Dottore della Chiesa, fu santificato nel 1665.

Nell'immagine si evidenzia il bastone da pellegrino poggiato nel braccio destro, mentre la bisaccia pende da quello sinistro. Questi attributi sono riferiti al periodo in cui Francesco di Sales visitava casolari e villaggi di campagna in tutto il Chablais della Repubblica di Ginevra per restaurare il cattolicesimo in un paese dominato dal calvinismo.

Non usava mai mezzi coercitivi per convertire i calvinisti, ma cercava di convincere la gente con la sua umanità, riportandola alla fede cattolica. Per raggiungere il suo scopo, ricorreva a mezzi pacifici, come affiggere di persona i foglietti volanti sulle porte delle case, foglietti contenenti i suoi pensieri e riflettenti l'amore per Dio. A tal proposito viene considerato come il primo giornalista nella storia. Moriva nel 1622 a Lione.

Ritornando alla tela di Barnaba Zizzi, il triangolo dei personaggi appare addolcito da un morbido chiaroscuro leonardesco, con i colori sobri su tonalità opache, eccetto il blu del mantello della Madonna al centro, che ha un colore più accentuato. I riflessi di luce proiettati sulle parti principali dei personaggi portano questi a mostrare maggiore evidenza, risultando così distaccati e quasi in rilievo rispetto al fondale di luce diffusa dorata. La sensibilità, l'interiorità e la dolcezza dei visi che tutti i componenti della raffigurazione esprimono e la gestualità delle loro mani sono di grande armonia ed eleganza.

Una particolarità di questo dipinto risiede nei dettagli, che sono eseguiti dal pittore con maestria tecnica: così il velo bianco con la rosa nella mano della Madonna che passa al di sotto del cuscino su cui sta Gesù bambino; la rosa bianca in mano a Gesù; il mazzo di rose di Rosa da Lima; le teste degli angioli immerse nelle nuvole; le trasparenti sfere delle aureole sopra le teste dei Santi; lo squarcio del cielo al tramonto, e tanti altri. Con questi dettagli, che sono nello stesso tempo anche attributi, il pittore conferisce una complessità al racconto del quadro.

La maniera pittorica classicheggiante ci porta all'esecuzione di quest'opera attorno ad un periodo compreso tra il 1785 e il 1795, ma sempre dopo aver eseguito i dipinti di Ostuni e di Cisternino.

SS. Quirico e Giulitta

Una importanza particolare per Cisternino riveste la tela raffigurante i Santi protettori Quirico e Giulitta (fig. 47), ripetutamente riprodotta nelle figurine devozionali e nei manifesti della festa che si celebra all'inizio di agosto. Il quadro, delle dimensioni di 60x100 cm, appartiene, come ha rilevato R. Jurla-

Fig. 47. BARNABA ZIZZI (attrib.), *SS. Quirico e Giulitta*, Cisternino, Chiesa Madre, sagrestia.

Fig. 48. BARNABA ZIZZI (attrib.), *Maria del Buon Consiglio*, Carovigno, Chiesa Madre.

ro[14], alla serie di quadri devozionali che, «com'era d'uso nei secc. XVII e XVIII, tra cui quello di San Gennaro che è nella Chiesa Matrice Mater Domini a Mesagne, quello di Sant'Oronzo che è nel santuario omonimo di Ostuni e l'altro con scena biblica che è nella Chiesa Matrice di Ceglie, in cui sono rispettivamente le vedute di Napoli, Lecce, Ceglie», usavano riprodurre nella parte inferiore la veduta prospettica del paese in cui si veneravano i Santi rappresentati, aggiungendo così all'immagine la nuova componente topografica. Ai predetti si possono unire i dipinti della Madonna del Buon Consiglio nella Chiesa Madre di Carovigno (fig. 48) e quello omonimo nella SS. Annunziata a Ostuni (fig. 49). Già lo stesso Jurlaro, datando il quadro dei SS. Quirico e Giulitta alla fine del sec. XVIII, aveva avanzato l'attribuzione di tale dipinto al pittore Barnaba Zizzi.

Le figure dei SS. Quirico e Giulitta sono immesse al centro di un paesaggio sereno e sfumato che si perde in una zona collinosa, quasi a ricordare i *monti* che separano la campagna di Cisternino dalla distesa di campi che si protende fino al mare. La scena è ambientata nella luce diffusa del tramonto, come si rivela dai colori del cielo che vanno dal rosato all'azzurro e poi al giallo dorato del cielo da dove scendono dalle nuvole, sulla destra dell'osservatore, due angeli putti, e a sinistra un angelo con ali dispiegate in atto di posare la corona della gloria del martirio sulla testa di Giulitta, mentre la mano destra porge una corona di fiori primaverili verso il bambino, quale simbolo della sua innocenza.

Giulitta stringe il polso del figlio camminando su un prato verde; ambedue tengono nella mano un ramo di palma, rivolto parallelamente verso l'alto alludendo al loro martirio contemporaneo.

A questo punto mi pare opportuno riportare la storia della vicenda umana dei due Santi, come narrata dal vescovo domenicano Jacobus de Voragine intorno al 1275 nella *Legenda Aurea*, antico compendio della storia dei Santi cristiani:

«*Quirico vuol dire quaerens arcum, cioè "che cerca un arco"; oppure può derivare da quisil, cioè "forza", e cus, cioè "nero", come a indicare che fu forte nella sua virtù, nero nel rendersi umile; oppure anche da quiris, che vuol dire "asta", o da quirile, che vuol dire sedile.*

---

[14] ROSARIO JURLARO, *Storia e Cultura dei monumenti brindisini,* Brindisi 1976, pp. 146-47.

Fig. 49. BARNABA ZIZZI (attrib.), *Maria del Buon Consiglio*, Ostuni, SS. Annunziata.

Fu infatti un arco, piegandosi nell'umiliazione di se stesso, forte nel subire i tormenti, nero nel disprezzare se stesso, asta nel combattere contro i nemici, seggio di Dio perché Dio abitò in lui: questa grazia operò in lui ciò che l'età non avrebbe permesso. Giulita suona come "che giova per la vita", poiché visse di vita spirituale, e attraverso di essa giovò a molti.

Quirico era figlio di Giulita, una importantissima matrona di Iconio. Essa, per sfuggire alla persecuzione, partì con il suo bambino Quirico, allora di solo tre anni, verso Tarso in Cilicia. Quando giunse là fu presentata al preside Alessandro; teneva il bimbo fra le braccia. Appena le due serve videro cosa stava accadendo, fuggirono e la lasciarono là. Il magistrato prese il bambino fra le sue braccia e ingiunse alla madre di sacrificare agli dei: poiché però non voleva sacrificare, la fece frustare con lo scudiscio. Il bambino, vedendo frustare la madre, piangeva disperato e si lamentava. Il magistrato cullava il bambino e se lo poneva sulle ginocchia, baciandolo e cercando di calmarlo con carezze e parole; ma il bambino provava orrore per le moine del magistrato e voltando il capo gli graffiava la faccia, e gridava come gridava la madre, come se dicesse: "anch'io sono cristiano!". *Alla fine, dibattendosi tra le braccia del magistrato, gli morse una spalla: allora, infuriato, il magistrato lo scaraventò giù dalle scale, e il cervello si sparse per i gradini del tribunale. Giulita, quando vide che il figlio l'aveva preceduta nel regno di Dio, rese grazia con gioia. Poi il magistrato fece scorticare Giulita e la fece cospargere di pece bollente, e infine le fece tagliare la testa.*

In un'altra leggenda si trova che Quirico, sprezzando il magistrato che lo stava blandendo come se invece lo stesse minacciando, professava d'essere cristiano: ed era un bimbo ancora non in età di parola, ma era lo Spirito Santo a parlare in lui. Il magistrato gli chiese chi gli aveva insegnato, e lui rispose: "magistrato, mi stupisco della tua stupidaggine: vedi bene la mia età piccina, neppure ho tre anni compiuti, e tu chiedi chi m'ha insegnato la divina sapienza?".

E mentre lo picchiavano gridava:

"Sono cristiano!".

E ogni volta che lo diceva riprendeva forza proprio mentre lo stavano torturando. Il magistrato fece fare a pezzetti i corpi della madre e del bambino, e li fece disperdere perché i cristiani non potessero seppellirli: ma un angelo li raccolse e furono poi sepolti di notte dai cristiani. Quando poi ci fu pace per la Chiesa ai tempi di Costantino Imperatore i corpi furono trovati da una delle serve, che era ancora viva, e furono venerati con grande devozione da tutto il popolo.

Subirono il martirio verso il 230, durante l'impero di Alessandro».

Sulla tela di Cisternino, conservata nella sagrestia della Chiesa Madre, S. Quirico indossa una tunica bianca con colletto aperto. La tunicella ricade in basso sulla coscia, formando pieghe verticali plissettate, concludendosi con un bordo ornamentato; porta sandali legati con lacci incrociati sino al ginocchio alla maniera dei pastorelli del periodo arcadico. Il volto del Santo con biondi capelli ricci, circondato da un alone di luce bianca, rivolge lo sguardo sereno verso la madre.

Giulitta, con la testa circondata da un alone di luce chiara, capelli ondulati ricadenti sulla spalla, testa piegata con sguardo amoroso verso il bambino, lineamenti fini ed eleganti del viso, indossa una veste plissettata blu scuro lunga fino ai piedi con lumeggiature sulla parte frontale. Dalla sua veste sporgono i piedi che calzano sandali. Sulla spalla posa un mantello rosso, sostenuto dal braccio sinistro.

In basso si vede la veduta prospettica di Cisternino come doveva apparire verso la fine del Settecento. Vi si possono riconoscere, da sinistra verso destra, la chiesa di San Quirico, la Torre adiacente al Palazzo Amati, la Torre Normanno-Sveva, il Palazzo del Vescovo, la Chiesa Madre con due grandi arcate, la Torre del Vento, e fuori le mura, probabilmente, il Convento dei Cappuccini.

Parte Seconda
BARNABA ZIZZI A LATIANO

Fig. 50. Latiano, Palazzo Imperiali, disegno a tempera di Enzo Scarafile.

LATIANO - FAMIGLIA E OPERE

La fine del Settecento segna una nuova fase nella vita e nell'opera di Barnaba Zizzi, propriamente nel periodo in cui egli giunge nella città di Latiano, dove resterà per il resto dei suoi giorni (fig. 50).

Latiano, a quel tempo, era feudo baronale dei Principi Imperiali. Quando, nel 1782, morì Michele IV, discendente di questa dinastia, come si rileva dai cenni storici di Vittoria Ribezzi Petrosillo[15], «*il feudo passò per testamento al marchese di Latiano, Vincenzo Imperiali, suo parente; non essendo, però, quest'ultimo diretto discendente, il fisco accampò propri diritti sull'eredità sequestrando tutti i beni del feudo. Cominciò così una lunga vertenza tra lo stato e gli Imperiali che si concluse con l'abbandono del feudo da parte di questi ultimi che ebbero un notevole indennizzo in denaro. Lo stato procedette quindi alla vendita dei singoli beni del feudo ai migliori offerenti, decretandone così lo smembramento e creando quella classe di grossi proprietari terrieri che costituì, negli anni successivi, la ricca borghesia della zona*».

La cittadina di Latiano doveva presentarsi agli occhi del nostro pittore, proveniente da un paese di tutt'altra natura, posto su un'alta collina e dal clima ventoso e freddo, in maniera molto diversa sia per il paesaggio disteso in pianura che per le usanze e tradizioni.

Aspetti naturali e modi di vita che, al momento in cui Barnaba giunse a Latiano, non si discostavano di molto dalle notizie che il Regiotavolario Giambattista de Lo Sapio descriveva in data 7 settembre 1600, in una relazione conservata nell'Archivio vescovile di Oria e trascritta nella ricca appendice documentaria riportata dallo storico di Latiano Salvatore Settembrini nel volume *Sindaci, notai e famiglie feudatarie di Latiano*[16].

Con molta probabilità, quindi, Barnaba, dovette trovarsi di fronte a una realtà che il Regiotavolario così illustrava quasi due secoli prima: «*Mi sono di persona conferito in detta terra, quale è ritrovata in piano, luogo aperto senza muraglia, però ivi è Castello di buonissima abitazione, e forte per il barone, con buonissime strade piane, nette e pulite d'estate, ed inverno, con chiesa parrocchiale d'Arciprete, bellissima di capacità, con numero di clero molto nobile, si officia giornalmente di messe numero otto... In detta terra ci sono genti civili, come Dottori di legge, e medicina, Notari, Speziali, Chirusici, Mastri di Scuola, e Pittori, Massari, e Bracciali, molti artigiani di diversi lavori, molte botteghe di diverse mercanzie per comodo di detta terra.*

Aria temperata, ivi sono molti vecchi con tutti denti e mole di buonissimo colo-

---

[15] Vittoria Ribezzi, *Guida di Francavilla Fontana la Città dei Principi Imperiali*, a cura di Mario Cazzato, Congedo Editore, 1995, p. 17.
[16] Salvatore Settembrini, *Sindaci, notai e famiglie feudatarie di Latiano*, Comune di Latiano, 2002, introduzione di Vittoria Ribezzi Petrosillo, pp. 12-13.

Fig. 51. Latiano, Chiesa Matrice S. Maria della Neve, disegno a tempera di Enzo Scarafile.

re, la maggior parte delle loro abitazioni sono inferiori, coverte a tetto, biancheate di dentro, e di fuora molto pulite. Il territorio è fertile di grani, orzi, fave, avena, ogli, vini e altre sorti di vettovaglie... le genti sono tutte quiete e obedientissime al barone...».

Già intorno al 1784 vediamo Barnaba Zizzi a Latiano per la prima volta all'opera nel dipingere delle tele ad olio su canapa, distese su legno, per essere poi applicate a modo di cassettoni sul soffitto della Chiesa Madre S. Maria la Mutata (la Neve) (fig. 51). Purtroppo non ci è stato possibile riscontrare alcuna notizia sul contenuto religioso di tali tavole, essendo state rimosse nel 1907 a sèguito della ristrutturazione della chiesa, con rifacimento del soffitto, e poi andate distrutte o disperse.

Ulteriori incarichi furono probabilmente conferiti al pittore dall'Arciconfraternita della morte negli anni 1787/89 anche per intercessione del suo compaesano *celebre avvocato, uomo moderatissimo e troppo onesto*, Don Enrico De Vitofranceschi, che il 1787 aveva assunto a Latiano l'incarico di agente del Marchese Imperiali, dimorante in Spagna, con il compenso di diciotto ducati mensili, come riferisce Salvatore Settembrini[17]: «*Don Enrico De Vitofranceschi esortava i cittadini di Latiano alla pace ed alla concordia. Si prodigo' per trovare un accordo tra il Capitolo, l'Università e i Domenicani per la festa di S. Margherita, inoltre sollecitò varie iniziative a favore dei poveri*».

Il 18 marzo 1789, come si evince dall'atto di matrimonio conservato nella Chiesa Collegiale di Latiano[18], Barnaba Zizzi convola a nozze con Maria Caterina Tomaselli, nata nella città di Francavilla nel 1771, figlia di Giuseppe Onofrio Tomaselli e Agnese Suarez della città di Francavilla.

La giovane coppia si stabilì in una abitazione dislocata in via dell'Erba. La loro vita, però, fu ben presto resa triste dalle innumerevoli sciagure famigliari – come si apprende dal volume di V. Gagliani, *Galleria dei personaggi latianesi*[19] – avendo perso in tenera età ben quattro figlie e due figli tra i complessivi 13 nati da questo matrimonio. Nel 1810, anno in cui nasce l'ultima figlia, Giuseppa Pascalina, e precisamente il 26 maggio 1810, risulta anche deceduta la prima moglie Maria Caterina Tomaselli, probabilmente come conseguenza del parto. Considerando che a quella data erano premorti ben sei figli a causa dell'elevata mortalità infantile imperante in quel periodo, dovuta a epidemie e precarie condizioni igieniche, il quarantottenne Barnaba Zizzi, a brevissima distanza, nel giro di tre mesi, fu obbligato a prendere una seconda moglie, Anna Rosa Nardelli, per accudire ai sette figli rimasti. Anche da questa moglie ebbe ulteriori figli, di cui quattro morti in tenera età e tre sopravvissuti.

Dieci anni dopo la morte della prima moglie, come risulta dall'atto notarile del Not. Giuseppe Mingola di Latiano del 5 luglio 1820, Barnaba Zizzi si peritò, ai fini di garantire i beni derivanti dai corpi dotali della prima moglie, di far stipulare un atto notarile, conservato nell'Archivio di Stato di Brindisi, rinvenuto dallo storico Salvatore Settembrini e cortesemente sottopostomi. Da tale atto si rileva che la prima moglie aveva portato in dote «*fra gli altri beni numero 42 alberi di olivo, siti in territori di Francavilla, luogo detto Potenti*».

Successivamente, dopo qualche anno, aveva ricevuto dalla famiglia ulteriori cento ducati. Per migliorare in seguito questi beni dotali, d'accordo con la moglie, Barnaba Zizzi si era disfatto di tali oliveti, acquistando, con l'aggiunta di cento ducati, altri fondi destinati a vigneti, ai quali si aggiunsero ancora altre due vigne, acquistate sempre con denaro della moglie. In più con altro denaro, derivante sempre dalla moglie Caterina, lo Zizzi fece costruire su un terreno una stanza con alcova, con mobili e botti per conservare il vino. Tutto ciò si ricava, come prima riferito, dall'atto notarile, fatto stilare dallo Zizzi in presenza dei testimoni Piacentino de Electis e Saverio Stasi per tutelare i beni ereditari dei figli ricevuti dalla prima moglie Caterina Tomaselli, prescindendo da quelli della seconda moglie.

Pur non essendo riscontrabile da altra fonte documentaria, è da supporre che Barnaba Zizzi avesse acquistato ulteriori fondi con i proventi della propria attività, da destinare poi ai figli della seconda moglie.

---

[17] Salvatore Settembrini, op. cit., pp. 231-232.
[18] *Atti matrimoniali* in appendice 3, 4, p. 136
[19] V. Gagliani, *Galleria dei personaggi latianesi*, Latiano 1996, p. 75.

Fig. 52. ORONZO TISO (Lecce, 1726-1800), *Assunta*, Latiano, Chiesa Matrice.

È provato comunque che il giovane pittore di Cisternino e la giovanissima moglie di Francavilla avevano trovato una accoglienza favorevole nell'ambiente di Latiano, stringendo amicizie con le famiglie più accreditate. Dagli atti di battesimo e cresima, conservati nella Chiesa Collegiale Santa Maria della Mutata (Neve), possiamo riscontrare che i loro figli avevano avuto come padrini e madrine personalità provenienti da famiglie di rango elevato, come Donna Rosalia De Vitofranceschi di Cisternino, il notaio Silvestro Stasi di Latiano, Don Piacentino de Electis, Donna Leonarda Ribezzi di Latiano ed altri.

Anni particolarmente impegnativi per il nostro pittore furono sicuramente quelli tra il 1789 e il 1799, in cui lo vediamo assumere numerosi impegni negli ambienti religiosi, eseguendo commissioni di pitture sacre in parte andate poi

Fig. 53. VINCENZO FILOTICO (Casalnovo, 1748 - ivi, 1834), *Sacra Famiglia*, Latiano, Chiesa Matrice.

disperse, ma anche lavori di impronta artigianale, dovendo curare le scenografie degli altari nella Chiesa del SS. Crocifisso, secondo quanto annota Settembrini[20]: «*La scenografia nella chiesa veniva curata da valenti pittori con varie carte dipinte sull'altare e nello scorcio del XVIII si occupò il valente pittore Barnaba Zizzi*».

Dai registri di contabilità conservati nella Chiesa del SS. Crocifisso si possono desumere gli ammontari delle spese per carta e colori sostenuti nella pre-

---

[20] SALVATORE SETTEMBRINI, *Il Culto del SS. Crocifisso a Latiano, storia e tradizione*, Italgrafica Edizioni, Oria 1996, p. 37.

parazione delle cosiddette *Macchine* (in appendice, 5, 6, 7). Questi lavori erano stati affidati in epoca precedente a pittori come Diego Oronzo Bianchi e Giovanni Salinaro. Tra gli artisti, presenti a Latiano in questo periodo, si possono ammirare nella Chiesa Madre dipinti di Oronzo Tiso (fig. 52), Vincenzo Filotico (fig. 53) e Diego Oronzo Bianchi (fig. 54) nella chiesa nuova vicino al Palazzo Imperiali (fig. 55).

Altri importanti incarichi, come già accennato, furono conferiti a Barnaba Zizzi dalla Arciconfraternita della Morte, che già nel 1654 aveva la sede nella Chiesa dell'Annunziata, poi Chiesa di S. Antonio.

In altre cittadine, come Mesagne, Brindisi, Otranto, il ceto dei notabili, costituito da dottori, speziali, notai, ma anche da fabbri, falegnami e contadini benestanti, usava aderire all'Arciconfraternita della Morte o del Purgatorio. L'appartenenza a tale Congrega era considerata un segno di distinzione e di prestigio, anche perché a Latiano vi aderivano gli stessi Imperiali. Sin dal 17 aprile 1654, l'Arciconfraternita dei Morti di Latiano risulta aggregata a quella omonima di Roma. Giuseppe Renato, fratello del Principe Imperiali di Francavilla, come mi ha precisato lo storico Salvatore Settembrini,

Fig. 54. DIEGO ORONZO BIANCHI, *Transito di S. Giuseppe*, Latiano, Chiesa Nuova.

Fig. 55. Latiano, Palazzo Imperiali e Chiesa Nuova.

Fig. 56. Latiano, Chiesa S. Antonio, disegno colorato di Enzo Scarafile.

aveva dato infatti, in qualità di Diacono e Presidente della Zecca Pontificia, molte prove della sua generosità, essendo "Confratello benemerito", ma anche della sua benevolenza verso la Congrega, donando le reliquie dei SS. Innocenzo e Laureato. Successivamente nel 1690, divenuto Cardinale, aveva accordato la sua protezione alla Confraternita, protrattasi fino alla morte. Dopo circa un secolo sarà il Cardinale Ruffo di Calabria, Principe di Scilla e Arcivescovo di Napoli, ad assumere nel 1815 la protezione della Congrega. Per onorare questa evenienza la stessa Arciconfraternita della Morte si era peritata, come risulta dall'iscrizione datata 1815 in calce al quadro, di ordinare a Barnaba Zizzi un ritratto a mezzo busto del Cardinale Ruffo.

L'attività della Arciconfraternita della Morte si rivolgeva, oltre ai settori devozionali e liturgici relativi a messe di suffragio, novene, processioni, principalmente al culto dei morti, come i servizi funebri per i confratelli e le sepolture. Non veniva trascurato poi il servizio assistenziale-caritativo per i poveri.

L'Arciconfraternita della Morte aveva collezionato cospicui lasciti e donazioni di immobili e di capitali liquidi, tali da consentirle di procedere al restauro della Chiesa di S. Antonio (fig. 56), ove aveva stabilito la sua sede. Questa chiesa quindi veniva sottoposta ad un restauro generale tra il 1775 e 1790. In tale occasione si conferì l'incarico al già apprezzato Barnaba Zizzi di dipingere una grande tela ad olio, applicata su legno, della *Madonna del Purgatorio*, onde decorare il soffitto e relativo cassettonato.

Il Transito di S. Giuseppe

Nello stesso periodo del restauro della Chiesa di S. Antonio, l'Arciconfraternita aveva acquistato un organo, con relativa cassa di stile neoclassico, posato su una balaustra, nella cui zona centrale fu successivamente applicata una tela raffigurante il *Transito di San Giuseppe* (fig. 57), attribuita a Barnaba Zizzi.

L'iconografia del Transito di S. Giuseppe si basa su una fonte copta, narrata diffusamente nei Vangeli apocrifi, precisamente nella *Storia di S. Giuseppe il falegname*, nella redazione boairica (dialetto copto del basso Egitto) in cui Cristo racconta agli apostoli il trapasso dell'anziano padre Giuseppe di 101 anni: «*Prima di spirare, Giuseppe si rivolge a Dio Padre, pregandolo di mandargli l'Arcan-*

Fig. 57. BARNABA ZIZZI (attrib.), *Transito di S. Giuseppe*, Latiano, Chiesa di S. Antonio.

Fig. 58. Chiesa settecentesca di S. Giorgio a Locorotondo in un acquerello attribuito a Jean Louis Desprez. Collezione Sen. Giuseppe Giacovazzo

Fig. 59. Barnaba Zizzi (attrib.), *Transito di S. Giuseppe*, Locorotondo, Chiesa di S. Giorgio, sagrestia.

gelo Michele, perché rimanga presso di lui, finché la sua povera anima sia uscita dal corpo senza dolore e senza afflizione. Quando Giuseppe finisce di parlare, Gesù si reca da lui, sedendosi accanto al letto funebre e vedendolo travagliato nell'animo e nello spirito, gli dice: Salve Giuseppe, mio caro padre, la cui vecchiaia è parimenti buona e benedetta! Gli risponde Giuseppe, in preda ad una agitazione mortale, dicendo: Salve mille volte, figlio caro. Ecco che la mia anima si tranquillizza un poco in me nell'ascoltar la tua voce... Quando ebbe esalato il suo spirito, io lo baciai. Gli angeli presero la sua anima...[21]».

Un quadro del medesimo soggetto era stato dipinto presumibilmente verso il 1786 da Barnaba Zizzi per la Chiesa di S. Giorgio di Locorotondo (fig. 58), oggi conservato nell'annessa sagrestia (fig. 59).

I due dipinti sono composti alla stessa maniera, anche se quello di Latiano risulta tagliato leggermente alla parte destra: un lungo giaciglio funebre che attraversa in diagonale la stanza, circoscritta da una architettura classica di due colonne monche, posate su un basamento sopraelevato; un pesante tendaggio iperbolico sul fondale superiore dove appare uno squarcio di cielo al tramonto, che risulta più esteso nella tela di Locorotondo. Qui il cielo è popolato da nuvole corpose, con la figura dell'Eterno su una nube, circondato da angioletti e da un puttino che stringe con la mano sinistra un mazzolino di fiori, seduto su uno sgabello ai piedi del morente, con la verga fiorita sul fondale anteriore, attributo e simbolo di S. Giuseppe. Invece la tela di Latiano, più essenziale, è priva di tutti questi attributi e simboli.

La disposizione dei personaggi risulta identica nei due quadri: a sinistra Gesù seduto con la stessa posizione dei piedi, la testa di profilo rivolta verso San Giuseppe, la mano sinistra protesa sulla testa del moribondo, in segno di benedizione. Giuseppe agonizzante, con espressione del volto implorante e tormentato, gli occhi socchiusi, rivolti verso Gesù, il corpo emaciato, i ginocchi sollevati sotto la coperta che ricade sulla parte inferiore, lasciando intravedere il piede sinistro, l'intera composizione risulta pressoché uguale nei due dipinti.

La figura frontale dell'Arcangelo Michele alla sinistra di S. Giuseppe, rivolta verso di lui, è decorata con i medesimi attributi dello scudo e del labaro, simboli, assieme alla corazza e al mantello rosso svolazzante, del guerriero che sconfigge Lucifero. L'Arcangelo Michele funge però come *princeps aetherius-exime nos psicopompo*, cioè colui che provvede alla funzione di *praepositus paradisi*, proprio come San Giuseppe l'aveva invocato nel testo apocrifo delle *Storie di S. Giuseppe falegname*. Da notare, nelle due versioni, che la forma dell'elmetto con il pennacchio sulla testa dell'Arcangelo Michele è leggermente differente: più vicina allo stile rococò nel quadro di Locorotondo, mentre si può dire classicheggiante in quella di Latiano.

Accanto all'Arcangelo Michele vediamo ugualmente la Madonna inginocchiata con le mani congiunte, sempre in atto di pregare, la testa rivolta verso S. Giuseppe. In ambedue le tele si trova in basso l'incensiere con il fumo bianco, simbolo della morte vicina.

Anche i colori con cui sono raffigurati i personaggi risultano molto somiglianti: veste bianca e manto azzurro di Gesù; coperta che ricopre il corpo di

---

[21] EVANGELI APOCRIFI, *Storie di S. Giuseppe Falegname*, capp. XVII-XXIII, Torino 1970.

Giuseppe in tinta ocra-grigia; armatura azzurra di Michele, con ali biancheggianti raccolte e manto rosso svolazzante; tunica rossastra della Madonna, coperta da ampio mantello blu con sciarpa gialla che avvolge il capo.

Infine la calligrafia pittorica si sviluppa con pennellate ampie nelle pieghe larghe e pesanti, alleggerite da luci chiare, evidenziando un gioco alternato di ombre e luci nei due dipinti.

Negli anni 1785/86 il pittore ventitreenne operando tra Cisternino, Ostuni e Francavilla, ha avuto probabilmente modo di conoscere numerose tele di Domenico Carella (1721-1813), esistenti nella Matrice di Francavilla.

Ora la gradazione cromatica luminosa riscontrabile nel quadro di Locorotondo diventa nella tela di Latiano, dipinta circa cinque anni più tardi, più cupa, affermerei, per un risultato maggiormente realistico, esprimendo in maniera essenziale il triste evento della morte di Giuseppe, il che nello stesso tempo denota l'avvicinamento dello Zizzi alla maniera della pittura neoclassica.

Direi pertanto che la versione di Locorotondo risulta, nella stesura pittorica, influenzata da Domenico Carella per quanto riguarda la figura di Cristo, riscontrabile nel dipinto *La consegna delle chiavi* della Matrice di Francavilla (fig. 3 a p. 11). Nel quadro di Latiano, invece, la figura di Cristo, che è seduto accanto a S. Giuseppe, ricalca il Cristo di profilo situato davanti a Caifa (fig. 17 a p. 35), come si osserva nell'ovale dell'Oratorio della SS. Annunziata di Ostuni. L'Arcangelo Michele in entrambi ricorda la figura di Enea del grande quadro ad olio (fig. 60) nel Palazzo Pantaleo di Taranto. D'altra parte questa tipologia dell'Arcangelo con i relativi attributi esiste già in numerose tele anteriori, come ad esempio in *San Michele Arcangelo che sconfigge gli angeli ribelli* in una tela di Luca Giordano o nel quadro del *San Michele Arcangelo che sconfigge il demone* di Ottavio Lavagna (1776), a Fasano, nella chiesa del Purgatorio. Ulteriori influenze si riscontrano nella tela del *Transito di S. Giuseppe* di Nicola Porta nella Chiesa della Madonna dei Martiri a Molfetta (fig. 61) o poi nel dipinto di Corrado Giaquinto *Il Transito di San Giuseppe* nella Cattedrale di Ascoli Satriano (fig. 62), con a destra il puttino su uno sgabello. Ma ancora nella tela *La Trinità*, sempre di Corrado Giaquinto, (fig. 63) conservata a Bari, di una collezione privata, per quel che riguarda la figura dell'Eterno con nimbo triangolare.

Ricordiamo anche che Corrado Giaquinto aveva dipinto diverse tele con il *Transito di Giuseppe*. Vi è però una notevole differenza tra queste ultime tele e quelle attribuite a Barnaba Zizzi, sinora descritte.

Nelle raffigurazioni di Corrado Giaquinto si assiste ad una possente orchestrazione di colori e luci, dettata da una impetuosa fantasia e da sapiente invenzione nel porre le figure nello spazio. Il giaciglio di Giuseppe morente si dispone in posizione frontale al centro della stanza, con angeli in atto di volare nell'intimità dell'atmosfera divina.

Si può poi notare che Barnaba Zizzi, pur avendo conosciuto il mondo fantasioso del Giaquinto, si è limitato a ricalcarne le composizioni formali senza poter raggiungere la stessa atmosfera di luminosa spiritualità, ma pur sempre Zizzi è riuscito a creare un *novum* nel far trasparire dai personaggi sentimenti più direttamente realistici.

Non deve meravigliare il fatto che in quell'epoca lo stesso autore dipingesse più volte la medesima tematica. Così Zizzi ha dipinto per ben due volte *L'Ultima Cena* a Ostuni e a Cisternino, *La Madonna del Soccorso* a Cisternino e a

Fig. 60. DOMENICO ANTONIO CARELLA, *Commiato di Enea da Didone*, Taranto, Palazzo Pantaleo.

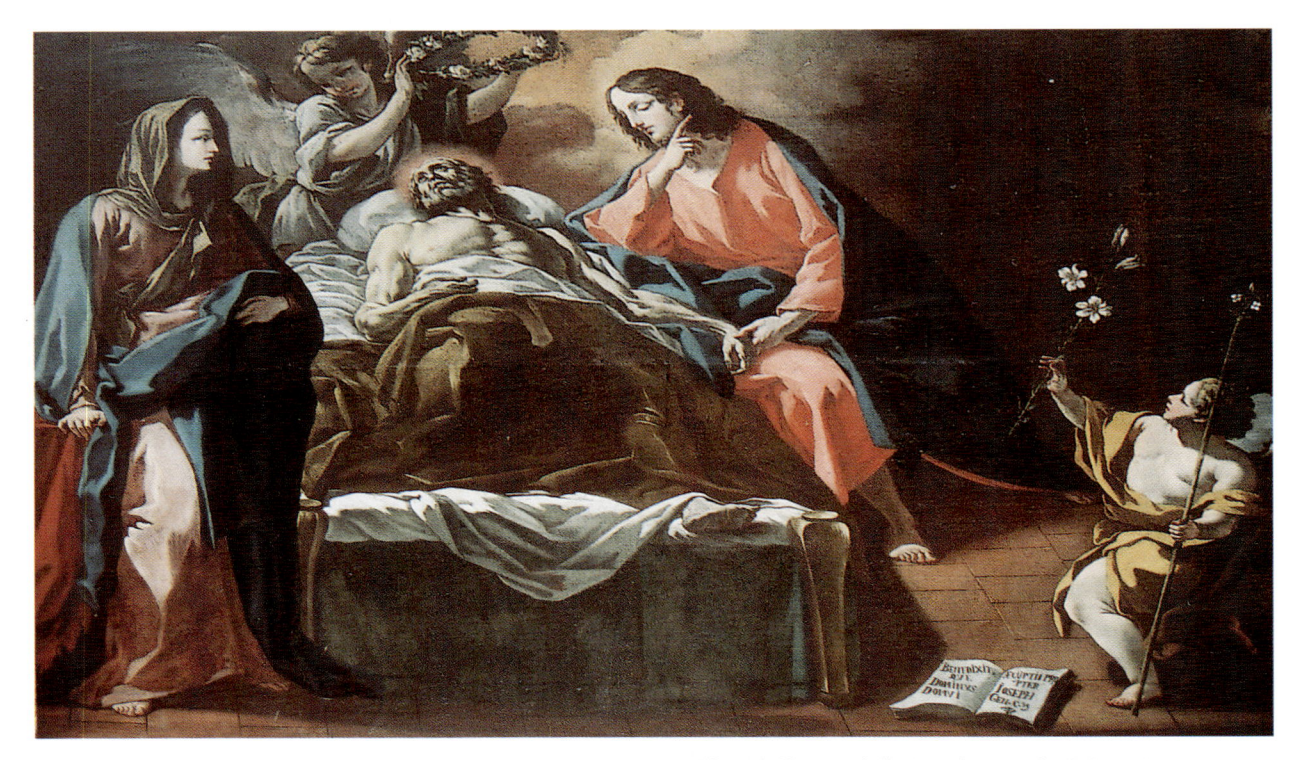

Fig. 61. NICOLA PORTA, *Transito di S. Giuseppe*, Molfetta, Chiesa della Madonna dei Martiri.

Fig. 62. Corrado Giaquinto, *Transito di S. Giuseppe*, Ascoli Satriano, Cattedrale.

Fig. 63. Corrado Giaquinto, *La Trinità*, Bari, collezione privata.

Brindisi, *Il Giudizio Universale* a Carovigno e a San Vito dei Normanni, *Il Transito di San Giuseppe* a Locorotondo e a Latiano.

Concludendo, possiamo osservare in Barnaba Zizzi che spesso non solo riutilizza e ripete la stessa tematica, ma anche lo stesso vocabolario iconografico dei personaggi e dei paramenti nei suoi quadri sacri, ma questo non toglie niente al messaggio devozionale derivante di volta in volta dalle raffigurazioni che egli presenta all'osservatore.

La Madonna del Purgatorio

Dall'Arciconfraternita della Morte di Latiano venne anche commissionata a Barnaba Zizzi la grande scena della *Madonna del Purgatorio* nella misura di 260x187 cm (fig. 64) in S. Antonio, dipinta su tela di canapa distesa su legno e applicata al centro del soffitto a cassettoni decorati. Nel 1927, a seguito dei lavori di ristrutturazione della chiesa, il soffitto originario venne sostituito da un nuovo solaio a cemento. La grande tela della *Madonna del Soccorso* o *Madonna del Carmine* fu rimossa e successivamente venduta, e oggi è conservata nel Museo Diocesano "Giovanni Tarantini" di Brindisi. Bisogna specificare che, in occasione dell'ultimo restauro, eseguito con ottimo risultato, la data relativa all'origine del quadro ed ivi riportata si riferisce ad un precedente restauro, e pertanto l'indicazione 1779 è inesatta, essendo quella effettiva da precisare come 1789.

La tematica del dipinto si riferisce al Purgatorio, come luogo di espiazione e pena temporanea in cui le anime dei defunti pagano il loro debito di pena nell'acqua gelida e nelle fiamme, prima di essere ammesse alla felicità eterna nel Paradiso. In alto la Madonna, con il bambino Gesù tra le braccia, circondata da Angeli, rivolge il suo sguardo misericordioso verso le anime dei penitenti inviando un angelo per sollevare verso il cielo le anime che hanno già espiato il loro peccato.

Il luogo della purificazione delle anime dei defunti, che hanno peccato durante la vita sulla terra, è rappresentato come una caverna dislocata sotto una montagna confinante con il Paradiso. I peccatori sono immersi in acque gelide o nelle fiamme, secondo le colpe di cui si sono macchiati in vita. In questo regno di redenzione, il fuoco e l'acqua rivestono una funzione differente da quella che hanno nell'Inferno: nel Purgatorio, cioè, l'acqua gelida o il fuoco hanno un potere purificatore e il loro ruolo è limitato a un periodo determinato dalla gravità dei peccati.

Nella raffigurazione del Purgatorio dello Zizzi si vedono due donne nude immerse nelle acque gelide di un lago e una nel fuoco purificatore. Le tre figure si rivolgono con volto sereno ma supplichevole verso la Madonna del Carmine perché interceda per loro. Centralmente, in figura intera nuda, parzialmente avvolto da un pesante drappo, è rappresentato un giovane uomo che, aiutato da un angelo, si eleva verso il Paradiso, respingendo con i piedi il mostro infernale che oscura la testa di un prelato, il cui corpo è piegato e circondato da fiammelle. Da una spaccatura della pancia di questo demonio fuoriesce parte di una testa di cui si intravede un occhio, indizio assai comico di

Fig. 64. BARNABA ZIZZI, *Madonna del Purgatorio*, Brindisi, Museo Diocesano "Giovanni Tarantini".

Fig. 65. Cisternino, Chiesa S. Maria del Soccorso.

un peccatore che, indotto di nuovo in tentazione, non ha potuto purificarsi e perciò possibile preda del demonio e destinato alle pene infernali.

La Madonna è vestita con una tunica ocra, con una sciarpa chiara posata sui capelli e legata sul petto, mentre è avvolta sino ai piedi da un lungo e ampio mantello blu scuro. Gesù bambino risulta poggiato su un panno, sorretto dalle mani della Madonna. Il braccio sinistro del bambino con mano aperta si protende verso l'angelo in atto di elevare il giovane dal Purgatorio.

Nella chiesetta di Santa Maria del Soccorso, fuori le mura di Cisternino (fig. 65), si conserva un dipinto di forma ovale ad olio su legno (fig. 66), recentemente restaurato, con una tematica analoga. Il quadro, nella misura di 148x130 cm, nonostante il restauro, non si trova in buono stato. Le affinità con il grande ovale prima descritto sono però tali che mi indugio a supporre che il dipinto di Cisternino sia stato una delle prime opere del giovane Barnaba Zizzi, tema successivamente ripreso con maggiore maestria e con rappresentazione più dettagliata e consona al racconto della tematica del Purgatorio a Latiano. È da tenere comunque presente che il dipinto di Cisternino era stato concepito originariamente per una chiesetta destinata ad uso privato che col passare del tempo era ridotta in cattivo stato.

Fig. 66. BARNABA ZIZZI (attrib.), *Madonna del Soccorso*, Cisternino, Chiesa Madonna del Soccorso.

Dalla visita pastorale del Vescovo Cyrus De Alexiis del maggio 1756 sappiamo infatti che detta chiesa era stata trovata «*sconcia in ogni cosa, cioè con una porta tutta rotta e fracida, e senza chiave. L'altare senza pietra sagra... La pittura in faccia al muro tutta scolorita e rovinata. Dichiariamo interdetta la chiesa fino a che non sia provveduta di tutto il bisognevole... E comandiamo al Canonico de Leonardis che provveda la detta cappella... Anche del quadro con la figura di detta vergine*». Si può apprendere dall'iscrizione riportata in calce all'ovale *Innovato* cioè sostituito *assunto* (a spese) e *mozione* (promozione) del canonico Oronzo Pepe anno *Domini* 1782. Questo dipinto quindi andava in sostituzione del precedente divenuto illeggibile.

Il drago al lato del giovane in ascesa rappresenta il diavolo tentatore ormai senza forza, dato che l'anima del giovane è salvata dall'angelo che lo eleva verso il cielo. Le stesse fattezze del drago si riscontreranno nel quadro di *Santa Margherita*, patrona di Latiano, esistente nella sagrestia della Chiesa di S. Antonio di Latiano. Un'evidente similitudine si ritrova nella figura della Madonna del Carmine con bambino che nei due quadri hanno lo stesso movimento della testa piegata verso il basso, medesimo copricapo con sciarpa annodata, bambino con gambe accavallate, mano protesa verso l'angelo, oltre all'identico movimento del giovane in ascesa, che riportano chiaramente allo stile pittorico di Barnaba Zizzi (figg. 67-67bis).

La concezione cattolica del Purgatorio come terzo luogo accanto all'Inferno e al Paradiso nasce tra il 1150 e il 1250. In seguito alla canonizzazione del dogma del Concilio di Lione, 1274, la Chiesa cattolica stabilisce la dottrina dei suffragi, in base alla quale le pene dei defunti potevano essere temporaneamente alleviate attraverso preghiere, elemosine, pellegrinaggi e indulgenze.

Ma prima di questa data la commemorazione dei morti esisteva già nella liturgia del monastero di Cluny. Alla metà del secolo XI, tra il 1024 e il 1033, Cluny sotto l'Abate Odilon istituisce per il mondo cristiano il 2 novembre come giorno per la Commemorazione dei morti. È da quel momento che comincia a celebrarsi la ricorrenza dei defunti. Ed è proprio questo rapporto tra vivi e morti che creerà il terreno della credenza del Purgatorio.

Nel testo di Jotsuald, monaco e biografo dell'Abate Odilon di Cluny, troviamo del 1049 una delle prime descrizione del Purgatorio:

«*Il signor Riccardo mi ha raccontato questa visione, della quale avevo già sentito parlare, ma di cui non avevo conservato il minimo ricordo. Un giorno, mi disse, un monaco del Rouergue tornava da Gerusalemme. Nel bel mezzo del mare che separa la Sicilia da Tessalonica incontrò un vento molto violento, che spinse la sua nave verso un isolotto roccioso dove viveva un eremita, servo di Dio. Quando il nostro uomo vide che il mare si era calmato, si mise a discorrere con lui di varie cose. L'uomo di Dio gli chiese di quale nazionalità fosse, ed egli rispose che era aquilano. Allora, l'uomo di Dio volle sapere se egli conoscesse un monastero che porta il nome di Cluny, e l'abate di quel luogo, Odilon. Egli rispose: "L'ho conosciuto, e anche bene, ma vorrei sapere perché mi fai questa domanda". E l'altro: "Te lo dirò, e ti scongiuro di ricordare ciò che udrai. Non lontano da noi si trovano luoghi che, per volontà manifesta di Dio, emettono con la più grande violenza un fuoco ardente. Le anime dei peccatori, per un determinato tempo, vi si purgano tra diversi supplizi. Una moltitudine di demoni è incaricata di rinnovare senza posa i loro tormenti, ravvivando le pene di giorno in giorno e rendendo i dolori sempre più intollerabili. Spesso ho udito le lamentazioni di quegli*

Fig. 67. Cfr. *Madonna del Purgatorio* di Brindisi.

Fig. 67bis. Cfr. *Madonna del Soccorso* di Cisternino.

uomini, che si lagnano con veemenza: in effetti, la misericordia di Dio permette alle anime di quei condannati di essere liberate dalle loro pene per mezzo delle preghiere dei monaci e delle elemosine elargite ai poveri in luoghi santi. Nei loro pianti, essi si rivolgono soprattutto alla comunità di Cluny e al suo abate. Così ti scongiuro in nome di Dio, se hai la fortuna di tornare fra i tuoi, di far conoscere a quella comunità tutto ciò che hai udito dalla mia bocca e di esortare i monaci a moltiplicare le preghiere, le veglie e le elemosine per il riposo delle anime immerse nelle pene, perché il diavolo sia vinto e scornato".

Tornato al suo paese, il nostro uomo trasmise fedelmente il messaggio al santo padre abate e ai frati. Nell'udirlo, questi, con il cuore traboccante di gioia resero grazia a Dio, aggiunsero preghiere a preghiere, elemosine a elemosine, e operarono con pervicacia per il riposo dei defunti. Il santo padre abate propose a tutti i monasteri che l'indomani della festa di tutti i santi, il primo giorno delle calende di novembre, si celebrasse ovunque la memoria di tutti i fedeli per assicurare il riposo della loro anima, che fossero celebrate messe, con salmi ed elemosine, in privato e in pubblico, e che le elemosine venissero distribuite liberamente a tutti i poveri: così il nemico diabolico avrebbe ricevuto colpi più duri, e il cristiano, soffrendo nella geenna (luogo di pena dei malvagi dopo la morte), avrebbe accarezzato la speranza della misericordia divina»[22].

Graziano da Bologna, monaco canonista, nel *Decretum Magistri* del 1140 riporta una lista dei suffragi stabiliti a partire da Agostino e da Gregorio Magno per la salvezza delle anime: «*Le anime dei defunti si liberano in quattro modi: con i sacrifici dei preti (le messe), con le preghiere dei santi, con le elemosine delle persone care, col digiuno dei parenti*»[23].

Il concetto del Purgatorio, sorto tra il XII e il XIII secolo, come si è già detto, definito contemporaneamente alla stabilizzazione di una nuova visione dei mondi ultraterreni, derivava le fonti letterarie dal *Vangelo di Matteo* 12,31-32, *Corinzi* 3,13-15, extra bibliche nelle *Apocalissi,* nell'apocrifa di San Paolo, nei *Dialoghi* di Gregorio Magno, nel *Trattato del Purgatorio* di San Patrizio e nella *Divina Commedia* di Dante.

Per tutto il Medioevo il Purgatorio è rappresentato nelle opere pittoriche unitamente al Giudizio Universale accanto all'Inferno.

A partire dal XVI secolo il Purgatorio assume uno schema iconografico autonomo in concomitanza con la Madonna del Soccorso. Questo nuovo tipo di raffigurazione, molto usato sino al XIX secolo, assolve ad una pratica devozionale con intenti ben definiti, connessi alle attività cultuali dei sodalizi delle Confraternite della Morte o anche dette del Purgatorio.

---

[22] *Patrologia latina di Migne* 888-91, pp. 141-142.
[23] *Decretum Magistri Gratiani,* a cura di A. Friedberg, Lipsia 1879, tomo I, col. 728.

Lo stendardo dell'Arciconfraternita della Morte

In una stanza attigua alla sagrestia della Chiesa di S. Antonio di Latiano si conserva uno stendardo della Arciconfraternita della Morte di notevole interesse, che, secondo la tradizione, era stato dipinto da Barnaba Zizzi. Dall'attento confronto con altre sue opere, ritengo che questa attribuzione possa essere senz'altro confermata. Nell'osservare infatti alcuni dettagli, come gli angioletti in alto, la figura della Madonna, la gestualità dei Santi e dei defunti nel Purgatorio, la barriera delle nubi voluminose, con l'uso di una tecnica pittorica accurata, diventa più che positiva l'attendibilità di tale attribuzione. D'altra parte, proprio in quel periodo Barnaba Zizzi risulta come attivo collaboratore dell'Arciconfraternita della Morte.

Lo stendardo è raffigurato su due lati: sulla parte anteriore (fig. 68) vi è la scena del Purgatorio, con la Madonna del Soccorso e S. Antonio, patrono della chiesa, ma entrambi quali intercessori, collocati al di sopra della barriera delle nuvole. Sopra di loro è posto centralmente un medaglione che rievoca la Passione e la Resurrezione di Cristo. In basso, nella scena del Purgatorio si vedono tre anime di defunti in atto di purificarsi nel fuoco con lo sguardo rivolto verso l'alto. In alto tra gli angeli è riportata l'iscrizione AVE MARIA. Al margine inferiore dello stendardo: MISEREMINI MEI MISEREMINI MEI SALTEM VOS AMICI MEI.

La facciata posteriore dello stendardo (fig. 69) raffigura uno scheletro che regge nella mano destra il lungo manico di legno con una falce sulla cui lama, al di sopra della testa dello scheletro, si legge: NEMINI PARCO, mentre la sinistra ripiegata sorregge una clessidra. Lo scheletro attraversa orizzontalmente tutto lo spazio ed è dipinto in modo realistico e impressionante. In basso, attorno allo scheletro, si notano da sinistra a destra gli attributi dei mortali appartenenti ai diversi ceti sociali: corona e scettro, simbolo del re; vaso con ostensorio, del sacerdote; elmetto con piuma rossa, spada e corazza, attributi del cavaliere, e a destra il triregno papale di colore azzurro con ornamenti dorati, cioè la tiara papale cinta da tre corone dorate parallele che rimandano alle tre autorità del papa: come *padre dei principi e re*, come *rettore dell'orbe*, cioè dell'universalità dei cattolici, e come *Vicario di Cristo*.

L'iscrizione sul margine ARCICONFRATERNITA DE MORTI conclude la raffigurazione. Il pittore ha realizzato lo stendardo usando due drappi rettangolari di canapa con orli sfrangiati, applicati su un panno di seta azzurra che funge nello stesso tempo da cornice ed è concluso da orli dorati.

Purtroppo lo stato dei dipinti sulle due facciate appare oggi abbastanza deteriorato e sarebbe particolarmente opportuno procedere ad un restauro.

Le due scene riflettono la tradizione di fine Settecento influenzata da reminiscenze del rococò, con sobrietà nell'uso dei colori e la dolcezza espressiva dei personaggi: angeli, Santi, anime anelanti alla redenzione. La figura serena e leggiadra della Madonna, dallo sguardo rassicurante, rivolta alle anime, tende la mano sinistra in gesto misericordioso verso di loro quasi per dire "sollevatevi"! La mano destra invece indica in alto la meta dell'ascesa. La Madonna, con una sciarpa che avvolge il capo circondato dal nimbo luminoso a raggiro, veste una tunica rosa conclusa da un collare dorato ed è avvolta da un ampio manto blu.

S. Antonio di Padova, di fronte alla Madonna, è in tipica veste francescana, mostra ampia tonsura, spalanca braccia e mani in atteggiamento di soccorso,

Fig. 68. BARNABA ZIZZI (attrib.), *Lo stendardo della Arciconfraternita della Morte*, Latiano, Chiesa S. Antonio, sagrestia.

stringendo sotto il braccio sinistro il libro sacro per ricordare le sue eccellenti doti di predicatore e un ramo di giglio, simbolo di purezza. Ricordiamo che questo Santo era particolarmente venerato a Latiano come protettore dei bambini, delle donne incinte, dei commercianti, dei soldati e anche delle donne che cercano marito.

Sopra le mani di entrambi si apre un ovale, cinto da due rami verdi, i cui steli inferiori si dipartono nelle direzioni della Madonna e di S. Antonio per indicare la stretta unione con quanto rappresentato nel medaglione. In detto ovale è accennata la cima del monte Golgota. Il teschio alla base della croce allude a quello di Adamo per evidenziare il peccato originale da lui commesso e la redenzione operata da Gesù. Le due aste della croce simboleggiano: quella orizzontale la Passione di Cristo, emblema del dolore e della sofferenza, e quella verticale la Resurrezione, emblema della spiritualità e divinità. Difatti, alla sinistra dell'osservatore, sul braccio dell'asse orizzontale, poggia obliquamente la scala, simbo-

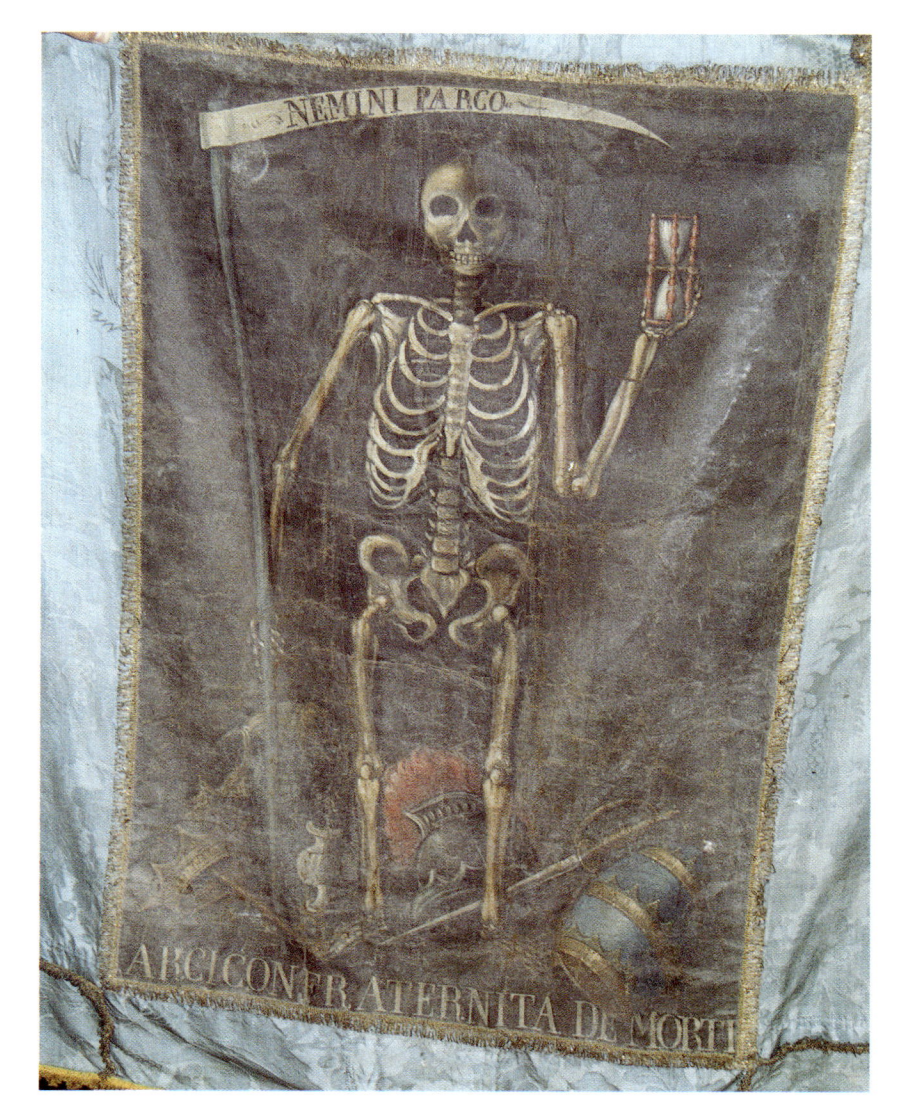

Fig. 69. BARNABA ZIZZI (attrib.), *Lo stendardo*, facciata posteriore, Latiano, Chiesa S. Antonio.

lo della deposizione di Cristo; mentre sull'altro braccio posano la lancia con cui Longino aveva ferito il costato di Gesù e il bastone con cui un soldato aveva avvicinato la spugna intrisa d'aceto alla bocca assetata di Gesù. Sui due lati della croce sono raffigurati due cipressi e due clessidre quali simboli della caducità della natura umana. In questa ultima immagine è anche espressa la dualità della totalità cosmica e il simbolo primario di Cristo, mediatore universale.

Sul retro dello stendardo è rappresentata la Morte come scheletro, per ricordare l'ineluttabilità del tempo che trascorre e della fine che conclude la vita terrena. Il tutto è sottolineato dalla mano sinistra dello scheletro che sorregge la clessidra, simbolo del fluire del tempo e della caducità della vita umana. Tutto ciò è sottolineato dall'immensa falce con la quale *la morte non risparmia nessuno*, come appare iscritto sulla lama che attornia la figura dello scheletro: *NEMINI PARCO*.

Lo stendardo è eseguito con inusitata maestria nei dettagli e nella tecnica pittorica. Speriamo che ben presto venga restaurato ed esposto in un luogo più consono al suo valore intrinseco.

Gli ultimi anni del 1700 non si presentarono certamente molto favorevoli al nostro pittore a causa di malattie, dei lutti famigliari dovuti alla morte prematura dei primi figli, ma anche per gli avvenimenti politici che si addensavano nell'ambito del Regno di Napoli.

Nel novembre 1798 Re Ferdinando IV, spinto da Nelson, da Maria Carolina e da Acton, contro il parere dei suoi ministri Marchese del Gallo e Generale Pignatelli, aveva aderito alla coalizione antifrancese, inviando un'armata di 60.000 uomini nel Lazio al comando del Generale Mack con l'intento di sconfiggere l'esercito francese, abbattere la Repubblica romana e restaurare il potere. Dopo una marcia sotto violente piogge che avevano decimato l'esercito napoletano, Mack entrò a Roma senza incontrare eccessiva resistenza, seguìto poco tempo dopo da Re Ferdinando che dichiarò pomposamente liberata la città eterna. Ben presto però il Generale Championnet, che si era momentaneamente ritirato per riordinare le sue modeste guarnigioni, passò all'attacco, ricacciando indietro, in men che non si dica, le truppe napoletane, e inseguendole fino a Capua, dove Mack fu costretto a chiedere un armistizio. Re Ferdinando, preso da folle paura, era velocemente scappato a Napoli, ispirando questi versetti:

Del Tirreno dai liti
Con soldati infiniti
Venne in Roma bravando
Il Re Don Fernando
E in pochissimi dì
Venne, vide e fuggì.

Gli entusiasmi guerrieri si erano così spenti. Sebbene la moltitudine popolare si agitasse, dichiarandosi pronta a difendere il re e la regina, i Reali, presi dalla paura dell'imminente arrivo dei francesi, nella notte tra il 21 e il 22 dicembre 1798 s'imbarcarono sulla nave di Nelson per Palermo, dopo aver fatto incendiare gran parte della flotta navale napoletana.

I patrioti napoletani nei giorni 19/20 dicembre con uno stratagemma erano entrati nel Castello di S. Elmo e vi si erano asserragliati, giurando di seppellirsi sotto le rovine se non fossero riusciti a stabilire la libertà. Nello stesso castello il giorno 21 gennaio 1799 proclamavano *la Repubblica Napoletana una e indivisibile*. Il giorno 23 fece il suo ingresso l'armata francese guidata dal generale Championnet, riconoscendo a nome della Francia la proclamata Repubblica.

L'eco di queste notizie si riverberò nelle province con esiti contrastanti. In numerose cittadine si procedette ad innalzare l'albero della libertà tra feste, canti, balli e spari, spesso anche con la benedizione di prelati, come avvenne a Martina Franca e in diverse altre cittadine.

È anche famoso l'episodio di un gruppo di avventurieri corsi che, guidato da Boccheciampe e De Cesari, aveva organizzato la controrivoluzione nelle regioni pugliesi. Giovan Francesco Boccheciampe di Oletta e Giovan Battista De Cesari facevano parte di una schiera di emigrati corsi, rifugiatisi in Puglia dopo la conquista della Corsica da parte dei francesi. Mentre sostavano in un piccolo paese, Monteiasi, prima di passare a Brindisi, dove intendevano imbarcarsi per la Sicilia, alcuni popolani credettero di riconoscere nell'altro avventuriero Raimondo Corbara nientemeno che il principe ereditario. Avvalorata poi tale leggenda, diffusasi in un baleno in tutta la zona da un riconoscimento da parte delle vecchie principesse Adelaide e Vittoria, zie di Luigi XVI, che si trovavano a Brindisi in attesa di trasferirsi a Trieste, i corsi si misero alla testa delle truppe controrivoluzionarie che si riunirono intorno a loro. Corbara e altri suoi compagni si imbarcarono per Corfù per chiedere aiuto agli alleati, ma furono catturati dai pirati e portati a Tunisi, dove vennero liberati per l'intervento del console inglese.

De Cesare e Boccheciampe, rimasti in Puglia, ebbero un successo clamoroso come capi delle bande realiste, facendosi passare l'uno come fratello del Re di Spagna e l'altro come Principe di Sassonia. Il 20 febbraio i due avventurieri si recarono a Mesagne, dove furono ricevuti con tutti gli onori dovuti al loro supposto rango. Quivi si fermarono alcuni giorni per occuparsi dell'organizzazione della truppa controrivoluzionaria. Il 22 febbraio, già accompagnati da un gruppo di circa 400 uomini, arrivarono alla città di Oria, ove ristabilirono il governo borbonico.

Dopo lotte feroci, coronate in parte da successo, Boccheciampe fu catturato dai francesi e fucilato a Trani per ordine del generale Sarrazin. Il De Cesari, più fortunato, riuscì a sfuggire alle truppe franco-repubblicane e fu più tardi onorato dai Borboni con alto grado militare e compensi.

Anche Latiano non restò indenne da questi avvenimenti. Fortunatamente quanto avvenuto in questa città viene riportato da una cronaca manoscritta del domenicano Padre Antonino Galliani che mi piace riportare integralmente e per rispecchiare avvenimenti a cui assistette lo stesso Barnaba Zizzi e per il modo di raccontare colorito con cui rievoca i fatti prodottisi nella sua città, rimasta fino in fondo fedele al legittimo sovrano[24]:

«A 23 gennaio del 1799 li Cispadani sono intrati in Napoli in nome della Repubblica francese, doppo aver disperso ne confini del regno e anche dentro la città di Roma, lo esercito del Re di Napoli Ferdinando Borbone fra vari tradimenti della officialità napolitana. In questo avvenimento ci sono stati vari malcontenti, desiderosi perciò della libertà francese; e questo è stato il motivo per lo quale in questi nostri paesi circonvicini ci sono delle guerre interne, ci sono sortite delle uccisioni. Come pure in questa nostra Latiano si era introdotto un fermento disperato, pensando che si volesse piantare nella nostra piazza l'albero della libertà francese; quindi il divoto Economo Curato Canonico D. Giovanni D'Ambrosia per ovviare a qualche male che si minacciava santamente à pensato il giorno 14 di febbraro del 1799 fare uscire il clero secolare processionalmente portando lui la S. Croce, recitando la litania de Santi, quale processione giunta nella nostra piazza nuova, quivi avanti il palazzo del marchese a piantato l'albero della redenzione, cioè la S. Croce con giubilo di tutta la popolazione che ne sortirà appresso, lo saprete voi: io so solamente, che con questa pensata par che si sia smorzato il furore, che cominciava a nascere da questa giornata. Il popolo pazzo, e ubriaco a voluto, che tutti andassero colla nocca reale al cappello, anche li sacerdoti Regolari, del clero secolare con nocca al cappello, e Crocefisso in petto; e così andiamo tutti. Oggi giorno 21 febbraro del 1799 si sono qui ricevuti due personaggi incogniti,

---

[24] Padre Antonino Galliani in *Avvenimenti e fatti di rilievo in Latiano dal 10 Settembre 1785-1799* in Arch. Cap., Latiano, cart. n. 19.

che si dicono da molti di sangue reale, li quali doppo essere stati di unita col principe ereditario D. Francesco Generale Borbone (ma pure questo era un nome finto, ed era un terzo personaggio) anche incognito, questo si è posto in mare, e li due personaggi sono ritornati in Mesagna, di là in Latiano, da qui per Oria, Francavilla etc. vanno girando animando le popolazioni alla difesa della Religione e del regno, e spiando come il Regno sia piuttosto attaccato alla Corona che alla repubblica francese, passano per quei paesi, dove sentono non volersi l'albero della libertà francese: del resto grandi mali sovrastano giacché battendosi li Asini, li barili vanno di sotto: così li sgraziati popoli in questa circostanza. Sabato 2 del corrente marzo 1799 fattosi sentire lo irragionevole popolo, aver fatto ricorso al Sindaco Arcangelo Samuele Mustick, cercando che impedisse la estrazione de generi, grano, vino etc. che più non si dessero alli negozianti, e compratori forestieri: nonostante che il sindaco gli avesse risposto che l'annona già fatta è troppo bastevole pel mantenimento del pubblico, onde che si lasciasse a cittadini la libertà di vendere, pure niente capacitati, dovette comprometterli, che il domani domenica 3 del corrente avrebbe fatto il parlamento, col bando proibitivo; à dovuto così contentarsi il Sindaco, giusto perché oggi per le critiche circostanze del regno, il popolo vive senza remora, e senza legge, onde c'è un mucchio e unione di gente violenta e insolente, tutta armata di giorno, e di notte, girando insieme in battuglia, perciò con prudenza si deve accordarle tutto senza ragione, e giustizia.

Saputasi questa risoluzione da alcuni amministratori del nostro Marchese, come la fatta determinazione si è stimata lesiva del diritto plateario del barone si pensò spedire avviso in Mesagna allo aggente generale, avvisandolo, che venisse per impedire etc. Prevenuto così l'aggente D. Giuseppe Maietta, ecco che la domenica mattina 3 del corrente si è portato in Latiano con due armigeri, e due altri stanziavano qui. Giunti lasciati li cavalli alla stalla uno delli armigeri di Mesagna avvicinatosi sotto la croce che c'è piantata in piazza, e come là vi era una sentinella, ove principiato a minchionarla e sprezzarla (stante che questa SS.ma Croce era là piantata a dispiacere del Maietta per essere quello luogo del barone, come lui dicea, e perciò ci avrebbe voluto la sua licenza e permesso nutum in scripto) tanto è bastato per sdegnarsi il popolo, e specialmente li miliziotti di fresco ritornati dalla milizia, li quali an voluto vedere stimata la sentinella; dalle parole si è venuto a fatti: sicché un armigero fortunato che si trova nella stalla avendo veduto il popolo in tumulto, anche contro di lui, con quattro parole umili, e sommissive si è reso cedendo anche le sue armi, e se ne partì per Mesagna; li altri tre facendosi forti si rifugiarono nel palazzo, chiudendo il portone, e cominciarono a far fuoco dalle finestre, e dalli buchi contro il popolo, il quale della piazza faceva piovere le palle sopra il palazzo, qui sopra ci era il Maietta aggente il fattore, lo erario Gasparre de Nitto, e D. Donato fratello del Sindaco, ed il sotterario Ciccio Guerra, li quali dicono che da quando in quando erano lasciati dal Maietta, e andava a sparare colli armigeri. Vedendo la conversazione, che la cosa era seria, e non finiva, dicea allo aggente che frenasse li armigeri e lui rispondea: lasciateli fare - ed ecco una guerra la più strana, e la più accanita: riuscì alli armigeri cogliere tre cioè uno morì innocentemente appena giunto in casa, l'altro che portava colli altri la legna per mettere fuoco al portone ferito, e giace in letto, che ci vuole anche morto. Riuscì al popolo ferire mortalmente il caporale...

Come si sa, la Repubblica napoletana del '99 fu di breve durata, a causa anche e soprattutto dell'abbandono dei francesi e della conseguente entrata delle truppe del Cardinale Ruffo a Napoli l'11 giugno, a cui seguì la restaurazione dei reali e il tragico crudele evento dell'impiccagione di tanti uomini illustri che avevano creduto di poter redimere il popolo dal regno della povertà e dalla tirannide. Tra questi sono da ricordare, tra i pugliesi, il poeta Ignazio Ciaia di Fasano e l'avvocato Giuseppe Albanese di Noci.

È da presupporre che il pittore Barnaba Zizzi, di carattere mite e pacifico, come poteva dirsi per la maggior parte dei cisterninesi, sia rimasto estraneo all'evolversi dei pericolosi avvenimenti. In questi periodi instabili, accanto ad alcune committenze, il pittore dovette occuparsi necessariamente e assiduamente dell'educazione dei figli sopravvissuti nonché della coltivazione delle sue vigne, che servivano al sostentamento quotidiano per la sua numerosa famiglia.

Gli eventi storici che si verificarono nel periodo napoleonico sono ben noti: nel 1806 Giuseppe Napoleone, fratello di Napoleone Bonaparte, dopo aver occupato Napoli costringendo per una seconda volta alla fuga Ferdinando e Carolina, fu nominato Re delle Due Sicilie, titolo che mantenne fino al 2 luglio 1808. Conseguentemente, come rileva Salvatore Settembrini[25]:

«*Il 27 giugno 1806, gli eletti dell'università di Latiano, fecero una procura notarile per prestare giuramento in Lecce, nella chiesa cattedrale, secondo la formula: "Giuro fedeltà e obbedienza a Giuseppe Napoleone re delle Due Sicilie e nostro Augusto Sovrano". Il mese successivo toccò ai sacerdoti di prestare giuramento a Giuseppe Napoleone, nella propria Cattedrale e nelle mani del proprio vescovo.*

A Giuseppe Napoleone subentrò Gioacchino Murat, cognato di Napoleone, che mantenne il potere fino al 15 maggio 1815, giorno in cui fu deposto.

Il decennio francese (1806-1815) rompe con il passato, avvia un'ampia opera riformatrice nell'arretrato Regno di Napoli "eliminate tutte le forme di giurisdizione particolare, abolita la feudalità, quotizzati in gran parte i demani, una nutrita legislazione pose su nuove basi il rapporto tra Napoli ed il resto del regno".

Il giorno 1 gennaio 1809 in ogni comune del regno furono istituiti i "Registri dello Stato civile", nel medesimo anno vengono soppressi molti ordini religiosi ed i loro beni incamerati; tra questi, a Latiano, il convento dei padri Domenicani.

Il 2 agosto 1806 fu abolita la feudalità ed il 20 febbraio 1812 vengono liquidati "i Diritti Feudali aboliti" all'ex feudatario di Latiano marchese Vincenzo Imperiali. A partire dall'anno 1806 vi è una nuova normativa che sostituisce quella precedente delle università "il governo delle città – costituito da un sindaco e da due eletti nominati dai decurioni, a loro volta scelti in pubblico parlamento – viene sottoposto al controllo dell'intendente di Terra d'Otranto per il tramite del sottointendente di Mesagne, incaricati rispettivamente dell'amministrazione della provincia e del distretto, col ritorno dei Borboni (1816) il 1 dicembre 1817 Latiano passa dal distretto di Mesagne a quello di Brindisi"».

In questo lasso di tempo vediamo Barnaba Zizzi intento a dipingere le tele dei Santi Soccorritori e Protettori: la Patrona di Latiano *S. Margherita* e i *SS. Cosma e Damiano*.

---

[25] SALVATORE SETTEMBRINI, *Sindaci...*, op. cit., pp. 123-124.

Santa Margherita o Marina

La raffigurazione di Santa Margherita (fig. 70), esistente oggi sulla parete orientale della sagrestia dell'Arciconfraternita della Morte, viene attribuita dalla tradizione al pittore Barnaba Zizzi, ed è stata dipinta tra il 1800 e il 1810 circa.

Santa Margherita era stata prescelta nel 1650 come *Patrona e Protettrice* di Latiano. Lo storico Salvatore Settembrini precisa: «*Intorno al 1650 l'università di Latiano scelse come patrona e protettrice Santa Margherita, che fino a quel tempo era la Santa titolare della Chiesa dei Domenicani. Ogni anno il capitolo di Latiano, custode delle reliquie della Santa, il 20 luglio curava la processione con le suddette reliquie per le vie del paese, processione che terminava nella chiesa dei Domenicani. Giunti nella chiesa i capitolari celebravano la messa solenne, all'altare della Santa, al termine della quale riportavano privatamente le reliquie stesse nella chiesa Matrice*».

Alla fine del XVIII secolo sorsero vari litigi fra l'università, il capitolo ed i padri domenicani riguardo ai festeggiamenti della Santa, come si evince dalla conclusione dell'università del 18 novembre 1787, sindaco il dott. fis. Salvatore Calcagnuti. Il dott. Errico De Vitofranceschi, agente generale del marchese Vincenzo Imperiali, contribuì a trovare un accordo fra le parti ed i compiti furono divisi. L'università si impegnò a continuare a pagare il contributo annuo ai padri domenicani, nonché ad assumersi le spese della cera, dello sparo di mortaretti e di tutte le funzioni celebrate durante la novena ed il giorno della festa, mentre le altre due parti ebbero ripartite le funzioni religiose in modo equo[26].

All'inizio dell'Ottocento anche l'Arciconfraternita della Morte si peritò di ottenere un'immagine credibile della Santa Patrona e Protettrice della Città e Soccorritrice dell'Arciconfraternita.

Ma chi era questa Marina o Margherita?

Questa Santa era nata, secondo i racconti diffusi nel Medioevo, ad Antiochia, in Siria, tra il III e il IV secolo, subendo il martirio all'epoca di Diocleziano. Come narra la *Legenda Aurea*, Margherita, figlia di Teodosio, discendeva da famiglia nobile.

Allevata da una nutrice cristiana, fu battezzata e indirizzata alla fede cristiana. All'età di 14 anni, mentre pascolava le pecore alla campagna, vicino ad una fontana, fu notata dal prefetto Olibrio che, incantato dalla sua bellezza, voleva averla per sé. Margherita, dichiarando la sua fede, lo respinse fermamente. Per questo motivo fu sottoposta ad ogni genere di supplizio e, tradotta in carcere, lottò con il demonio, apparso ben due volte in forma di drago serpente. Dopo numerose torture alla fine fu decapitata.

Dal particolare di un *Paliotto di Vilaseca* a Vic del 1160-1190, conservato nel Museo Episcopale (fig. 71), possiamo seguire figurativamente le stazioni del suo supplizio. Al centro dell'immagine, *Margarita in Carcere*, si vede la Santa in prigione nelle grinfie del demone, personificazione del prefetto Olibrio, che è innamorato di lei e della sua bellezza, ma lei lo rifiuta perché è pagano.

A sinistra dell'osservatore la Santa, dopo diverse torture, prega Dio di mostrargli il demone contro cui sta lottando. A destra vediamo il demone appari-

---

[26] SALVATORE SETTEMBRINI, *Sindaci...*, op. cit., p. 99.

Fig. 70. Barnaba Zizzi (attrib.), *S. Margherita* o *Marina*, Latiano, Chiesa S. Antonio, sagrestia.

Fig. 15. Madonna di Costantinopoli, particolare *S. Caterina d'Alessandria*, Cisternino, Chiesa Madre.

Fig. 71. *Paliotto di Vilaseca*, Storia di S. Margherita, Vic, Museo Episcopale.

re una seconda volta sotto forma di bue, ma la Santa lo affronta e, prendendolo per le corna, lo atterra costringendolo a confessare il motivo per cui si rivolge contro di lei.

Dopo cinquecento anni, Barnaba Zizzi rappresenterà in maniera differente la figura della Santa senza trascurare però i principali elementi della sua vita e del suo martirio. La raffigurazione dell'immagine devozionale, attribuita al nostro pittore[27], è compresa in un ovale di 148x114 cm, dipinta ad olio e racchiusa in una cornice dorata sfaccettata.

La figura monumentale della Santa si presenta in primo piano in mezzo a un paesaggio collinare con il cielo all'ora del tramonto. Margherita ha la testa coronata quale simbolo del più alto gradino spirituale raggiunto con il suo martirio. La sua giovane testa con i capelli biondi ondulati è cinta da due doppi giri paralleli di perle, simbolo di verginità e della successiva santità. Il nome latino *Margherita*, derivato dal greco, significa *perla*. La perla preziosa simboleggia nello stesso tempo martirio e verginità quale cammino da seguire per raggiungere la santità.

La Santa indossa una blusa su una gonna lunga a larghe pieghe pesanti che

---

[27] Cfr. *Beni Culturali di Latiano,* Biblioteca Comunale di Latiano, volume III, 1993, p. 128.

si protende sino ai piedi sottolineando le fattezze corpose. La blusa è stretta alla vita da una cintura con al centro una elegante fibbia decorata da un rubino. La cintura simboleggia la stretta unione con il costante attaccamento a Cristo, nel duplice significato di unione nella benedizione e tenacia nel respingere il male (Salmo 76,11 e 109,18-19). Il rubino al centro della fibbia è simbolo del cuore di Cristo, al quale lei è dedita.

Il collo è circondato da una sciarpa chiusa sul petto con un nodo che ricorda esattamente quello della *Madonna del Purgatorio* oggi nel Museo vescovile di Brindisi. Sulla spalla è poggiato un lungo manto rosso a pieghe che si avvolge sul braccio destro.

La mano destra protende in avanti una croce a forma di tau con la quale respinge il lungo serpente con coda attorcigliata che, sconfitto, si allontana. Nella mano sinistra sorregge contemporaneamente il libro della Sacra Scrittura, il mantello rosso, la palma, simbolo del suo martirio, e tiene legato al guinzaglio il terribile drago che rappresenta il demonio sconfitto dalla sua purezza e santità. Il teologo Origene (vissuto dal 185 al 253) aveva infatti confermato nel Salmo 74: «*Le teste del drago colpite, i serpenti abbattuti, segnano la vittoria di Cristo sul male*».

Le fattezze del dragone con la bocca spalancata e la lingua tirata fuori ricordano esattamente il demone drago nella scena della *Madonna del Purgatorio* conservata nella chiesa della Madonna del Soccorso a Cisternino.

Sulla destra della Santa, ai piedi di un ampio colle, è rappresentata la città di Antiochia circondata dalle mura con torri e edifici. Alla sua sinistra, su un prato ai piedi di due colline, si vede un pozzo fontana con carrucola per prelevare l'acqua. Tali rappresentazioni si riferiscono alla vita mortale della Santa: Antiochia la sua città, il prato con il pozzo, luogo ove da ragazza pasceva le pecore.

I particolari del dipinto, come la figura della Santa con relativi paramenti e i vari simboli, sono eseguiti con accurata maestria e non certo in maniera mediocre come da altri rilevato.

Particolarmente riuscito appare il paesaggio illuminato dalla luce rosea del tramonto che si espande verso l'orizzonte dietro la figura possente della Santa, circonvolgendo in un alone la sua figura mentre la duplicità serpente-drago rimane nell'oscurità.

Santa Margherita o Marina era la protettrice degli agricoltori, di donne incinte, di maestri e soldati. Insieme a S. Barbara, S. Caterina e S. Dorotea, la Santa appartiene alle *Vergini Capitali*.

SS. Cosma e Damiano

Dal VI secolo in poi troviamo sia nel periodo bizantino che in quello normanno e poi angioino in Puglia molte rappresentazioni dei Santi Medici con la funzione di protettori e intercessori invocati nelle preghiere.

I due esempi più antichi del VI secolo si rinvengono in Puglia nella chiesa del Salvatore a Giurdignano presso Lecce e a Canosa presso Bari.

L'Arciconfraternita di Latiano sentì indubbiamente il bisogno di commissionare la tela dei due *Santi Cosma e Damiano* (fig. 72) a Barnaba Zizzi per la larga devozione di cui i Santi godevano presso i fedeli, quali protettori di medici, chirurghi, dentisti, farmacisti, levatrici, barbieri, e in quanto soccorritori per

Fig. 72. BARNABA ZIZZI (attrib.), *SS. Cosma e Damiano*, Latiano, Chiesa S. Antonio, sagrestia.

i malati di peste, infiammazioni ai reni, ghiandole, calcoli e cimurro.

Ma cosa ci è stato tramandato sulla vita di questi due Santi?

Cosma e Damiano, fratelli gemelli, nacquero nella Cilicia, in un villaggio denominato Ayas, edificato sulle rovine dell'antica città di Egea, verso la metà del III secolo. Ambedue studiarono in Siria, una delle province più progredite dell'impero romano, divenendo medici molto famosi. Essendosi convertiti al cristianesimo, trascorrevano la maggior parte del loro tempo curando gratuitamente i poveri, per cui ebbero l'appellativo di *anargiri:* vale a dire senz'argento. Stabilitisi in Cilicia, godettero grande stima da parte di quel popolo. All'inizio delle persecuzioni di Diocleziano, Cosma e Damiano, famosi per la loro bontà e fede, furono nel 303 martirizzati e decapitati, i loro corpi poi trasportati in Siria. L'imperatore Giustiniano ebbe una particolare venerazione per i due Santi, tanto da far erigere una chiesa in loro onore a Costantinopoli.

Le reliquie dei Santi furono traslate a Roma nel IV secolo. Papa Felice IV ne fece ritrarre le effigi in un mosaico conservato nella chiesa dei SS. Cosma e Damiano. La fama dei due taumaturghi crebbe sempre di più per tutto il Medioevo e si è perpetrata sino ai giorni nostri.

La tela, di misura 148x114 cm, di forma ovale, cinta da cornice dorata sfaccettata, analoga a quella di S. Margherita, viene attribuita a Barnaba Zizzi[28] e si trova oggi alla parete orientale della sagrestia di S. Antonio a Latiano.

Sul fondo chiaro azzurro rosa si stagliano in modo monumentale i due Santi, inginocchiati su un'ampia pedana, posti uno di fronte all'altro. Al centro, sul davanti, sono posati i simboli della loro professione, il libro di medicina, il vaso chiuso da farmacia contenente unguenti e strumenti chirurgici.

I due Santi indossano il tipico vestito scuro ottocentesco dei dottori, tuta nera con collare bianco e due larghe strisce parallele ricadenti sul petto, emblema professionale dei medici, avvolti in un pesante manto nero di ampie dimensioni.

Ambedue posano la mano sinistra sul cuore in atto caritatevole, ricordando la loro professione esercitata gratuitamente e la fede profonda per Cristo, mentre la mano destra spalancata di Cosma si alza in segno protettivo e la destra tesa di Damiano in atto caritativo.

I visi dei gemelli, con le teste avvolte da folte chiome, rivelano espressioni di sensibilità e bontà. In alto, tra i loro visi, si vedono due rami verdi di palma incrociati che attraversano una corona dorata, simbolo del loro martirio.

Il dipinto dei SS. Cosma e Damiano, di chiara funzione devozionale, è realizzato seguendo i canoni pittorici del periodo ottocentesco, come monumentalità, essenzialità, aspetti nuovi del vestire, indizio questo della versatilità di Barnaba Zizzi nell'adattarsi al mutamento dei gusti del suo tempo.

Ritornando al periodo dei grandi mutamenti politici esaminati, anche la vita famigliare di Barnaba Zizzi deve essere stata notevolmente sconvolta per la morte prematura avvenuta l'8 giugno 1810 della moglie Caterina, dopo ventotto anni di matrimonio in cui erano nati ben tredici figli, di cui solo sette sopravvissuti. Come già accennato, Barnaba si risposò ben presto per assicurare il sostentamento dei figli in parte ancora in tenera età.

Nel 1816 Barnaba Zizzi viene chiamato a far parte del Decurionato della città di Latiano, istituzione simile all'attuale Consiglio Comunale, carica che ricoprì sotto il Sindaco dott. fis. Carlo Ribezzi, e successivamente, dal 1823 al 1825, sotto il Sindaco dott. fis. Giuseppe Albanese. Ciò dimostra che egli aveva acquisito una notevole reputazione tra i cittadini di Latiano, non solo come pittore, ma anche come capace amministratore.

Una discendente della famiglia Ribezzi, e precisamente Vittoria Ribezzi, mi ha fatto pervenire una breve comunicazione tratta da un manoscritto, ove erano elencate le vie comunali, conservata nell'archivio famigliare, in cui si leg-

---

[28] Cfr. *Beni culturali di Latiano*, op. cit., p. 130.

ge: «*Via Barnaba Zizzi. Illustre pittore di Latiano, morì nella prima metà dell'Ottocento. Fu nella Congrega di S. Antonio e della Collegiata, in legno furono dipinte da lui volte non più esistenti. In Oria, in S. Vito e a Brindisi nella Chiesa degli Angeli vi sono molti altri suoi lavori*»[29].

A questo periodo sono da ascrivere le tele *Madonna col Bambino* e *Sacro Cuore di Gesù Bambino*, donati presumibilmente da Barnaba Zizzi a Carlo Ribezzi in segno di amicizia, come vuole la tradizione famigliare. Queste raffigurazioni, naturalmente, rivestivano sempre un carattere devozionale, entrando per tradizione nelle case patrizie.

La Madonna col Bambino

La *Madonna col Bambino* (fig. 73), della misura 63x49 cm, oggi proprietà della famiglia Vittoria Ribezzi Petrosillo, è raffigurata a mezzo busto. Appare sedu-

Fig. 73. BARNABA ZIZZI (attrib.), *Madonna col Bambino*, Latiano, coll. priv. Ribezzi-Petrosillo.

---

[29] Copia del manoscritto di Benvenuto Ribezzi in appendice, 8, p. 137

ta e regge il bambino Gesù che reca la sfera del mondo nella mano sinistra e benedice con la destra. I volti della Madonna e del bambino sono circondati da aloni di luce, visibilmente trasformati oggi per un'accentuazione inesistente in origine, a causa di un restauro inappropriato. Il viso della Madonna con occhi socchiusi è molto delicato e interiorizzato. Sui capelli porta un velo di color ocra che si espande sulla spalla destra. Indossa una veste con maniche lunghe di color viola rosa, a cui si sovrappone un mantello ampio di color blu scuro.

Sacro Cuore di Gesù Bambino

La tela (66x49cm) *Sacro Cuore di Gesù Bambino* (fig. 74) con la doppia catena è conservata ad Ostuni in casa di Carlo Ribezzi.

La raffigurazione del Sacro Cuore di Gesù Bambino rivestiva un carattere devozionale ed era ampiamente diffusa in Puglia, specialmente nel Leccese.

Un esempio parallelo, dipinto da Pasquale Grassi (1775-1817) da Campi

Fig. 74. BARNABA ZIZZI (attrib.), *Sacro Cuore di Gesù Bambino*, Ostuni, coll. Carlo Ribezzi.

Salentina, si trova nella Pinacoteca Provinciale di Bari. Ancora un'altra simile raffigurazione è nella Chiesa Santa Maria delle Grazie di Tutino, frazione di Tricase[30].

Il significato della raffigurazione è stato chiarito, come riporta la Gelao, da Giovanni Boraccesi. Questi aveva trovato una iscrizione sotto la tela del Gesù Bambino di Tutino così espressa:

> *Dolce catena tiene*
> *In mano il mio Signore*
> *E lega col suo cuore*
> *Un cuor che lo ferì.*

L'allusione è quindi alla capacità di perdono del Sacro Cuore di Gesù[31].

Gesù Bambino, nella tela di Barnaba Zizzi, viene rappresentato nudo nella parte superiore del corpo, mentre un mantello, sorretto dalle due braccia, si avvolge attorno alle gambe, lasciando parzialmente scoperta quella di sinistra. Le due mani stringono una doppia catena, simbolo dell'unione tra cielo e terra, tra Dio e gli uomini. Il bambino è seduto in mezzo a un prato, circondato da fiori bianchi frammezzati da rose e da margherite.

Sul petto, a sinistra, si vede il tipico *cuore di Gesù*, sormontato da spine e da una croce. La testa con capigliatura bruna, cinta da un leggero alone di luce, è ripiegata verso destra.

Sul fondale si apre un alone lattiginoso a forma di campana che circonda la figura, lasciando trasparire in alto e sui due lati il cielo azzurro.

Il pittore aveva anche acquisito notevole considerazione quale esperto conoscitore delle opere pittoriche del passato e dei suoi contemporanei, tanto è vero che fu chiamato, unitamente ad altri esperti, a valutare i numerosi quadri facenti parte dei beni ereditari dell'eccellentissimo Principe Don Vincenzo Imperiali, deceduto il 5 marzo 1816 a Napoli. Tale notizia si rileva da un atto redatto dal notaio di Latiano Silvestro Stasi, datato 3 luglio 1816[32].

---

[30] *Intorno a Corrado Giaquinto, acquisizioni, donazioni, restauri 1993-2004*, a cura di Clara Gelao, Bari, Pinacoteca Provinciale, 1998, p. 88.

[31] CLARA GELAO, op. cit., p. 88.

[32] Beni Culturali di Latiano, *Il Castello e la Quadreria Imperiali*, vol. II, Biblioteca Comunale Latiano, 1993, da *Inventario de Beni lasciati del più eccellentissimo Signor Principe di Francavilla Don Vincenzo Imperiali di Napoli*, Archivio di Stato Brindisi, Fondo notarile di Latiano 1816, Stasi Silvestro (notaio), Faldone - Latiano 3 luglio, cc, pp. 699-740, p. 90: «Noi Notare Silvestro di Domenico Stasi, residente in questo Comune di Latiano Strada Malpertuso, Circondario di Mesagne, Distretto di Brindisi, ci siamo portati nel Palazzo di detto fù Signor principe di Francavilla Don Vincenzo Imperiali, sito in detto Comune di Latiano, nel circondario sudetto Strada detta la Piazza, per continuare a procedere all'incominciato Inventario de beni lasciati del detto fù Principe di Francavilla, sì per cautelarli detti Signori Procuratori ne nomi predetti, ché di coloro, che ci hanno interesse. *In conseguenza, dopo di avere ricevuta // la promessa delli Signori Barnaba Zizzi, del fù Giuseppe Zizzi Pittore e Perito di quadri, e Pitture Proprietario dimorante in detto Latiano, Strada dell'Erba...*». (Trascrizione a cura di F. Lotesoriere).

Ritratto del Cardinale Ruffo

Intorno all'anno 1815 Barnaba Zizzi fu presumibilmente incaricato dalla Arciconfraternita dei Morti di dipingere il ritratto del Cardinale Ruffo (fig. 75), che proprio nel 1815 era divenuto Protettore di questa Arciconfraternita, la quale, per intervento dello stesso Cardinale, aveva ottenuto privilegi e indulgenze apostoliche.

Il ritratto, della misura di 104x76 cm, è un olio su tela, ed è conservato oggi nella sagrestia della Chiesa S. Antonio, ricalcando probabilmente una raffigurazione a stampa già esistente.

La figura, a mezzo busto è dipinta con particolare maestria, specialmente nell'eseguire l'ornamentazione dell'epimanichia, paramento ornamentale che si infilava sull'avambraccio in uso nella tradizione dei paramenti della tonaca cardinalizia, come si rileva anche da un'altra raffigurazione del Cardinale Ruffo, esistente nel Museo Nazionale di San Martino a Napoli (fig. 76).

In basso è riportata la seguente iscrizione:

> «EM(INENTISSIMUS) AC R(EVERENDISSI)MUS D(OMINUS) ALOYSIUS MISERATIONE DIVINA TITULI S(ANCTI) MARTINI AD MONTES S(ANCTAE) R(OMANAE) E(CCLESIAE) / PRESBYTER CARDINALIS RUFFO DE CALABRIA, EX PRINCIPIBUS SCILLAE, ARCHIEP(ISCOUP)S NEAPOLIT(ANU)S / PROTECTOR ARCHICONFRATERN(ITATI)S MORTUOR(U)M TERRAE LATEANI URITANAE DIOC(ESI)S IN PROV(INCI)A HYDRUNT(IN)A / A(NNO) D(OMINI) MDCCCXV».

Fig. 76. Autore Ignoto, *Cardinale Ruffo*, Napoli, Museo Nazionale S. Martino.

Fig. 75. Barnaba Zizzi (attrib.), *Cardinale Ruffo*, Latiano, Chiesa S. Antonio, sagrestia.

Giudizio Universale

Negli stessi anni il pittore dipinge la grande tela del *Giudizio Universale*, a San Vito dei Normanni. La tela era stata commissionata nel 1815 dall'arciprete dell'epoca Don Giuseppe Cavaliere per la Chiesa Madre (fig. 77) di San Vito. Don Giuseppe Cavaliere era persona di elevata cultura teologica, ricordato quale uomo molto pio e colto, come segnalatomi cortesemente dallo storico Antonio Chionna.

La tela del *Giudizio Universale* (fig. 78), dalle dimensioni di 280x300 cm, dipinta ad olio su canapa, firmata *Barnabas Zizzi pinxit 1816*, è collocata in alto sulla parete orientale della navata destra laterale nella Chiesa Madre Santa Maria della Vittoria.

Il *giudizio finale,* come si deduce dal Vangelo di Matteo, ha inizio con la seconda venuta di Cristo, dopo la resurrezione dei corpi, e si conclude con la vittoria definitiva del bene sul male: Matteo 25,31-34, 41.

«Quando poi verrà il Figlio dell'uomo nella sua gloria, e tutti gli angeli con lui, allora egli si siederà sul trono della sua gloria. Tutte le genti saranno radunate davanti a lui ed egli separerà gli uni dagli altri, come il pastore separa le pecore dai capri... Allora il re dirà a quelli che sono alla sua destra: Venite, benedetti dal padre mio, prendete possesso del regno che vi è stato preparato fin dalla fondazione del mondo. Allora dirà anche a quelli che sono alla sua sinistra: Andate via da me, maledetti al fuoco eterno che è stato preparato per il diavolo e gli angeli suoi».

Il tema del Giudizio universale, ritenuto dal cristianesimo quale dottrina rivelata, parte dall'idea che alla fine dei tempi tutta l'umanità si dovrà presentare davanti a Cristo giudice, quale unica fonte di ogni ordine morale.

Già nel Vecchio Testamento il profeta Daniele aveva esposto per primo il concetto di un giudizio universale. Gesù Cristo aveva poi ripreso questa idea, presentandosi come giudice dell'umanità. Dinanzi al sinedrio egli dichiarava che si sarebbe rivisto «*un giorno il Figlio dell'uomo... venire sulle nubi del cielo*» (Matteo XXVI, 64 cfr. Daniele VII, 13). La tematica della fine cosmica, annunciata dalle trombe angeliche che chiamano i morti, separando i buoni dai cattivi, e l'apparizione di Cristo giudice diverranno l'iconografia principale del Giudizio

Fig. 77. San Vito dei Normanni, Chiesa Matrice S. Maria della Vittoria.

Fig. 78. Barnaba Zizzi, *Giudizio Universale*, S. Vito dei Normanni, Chiesa Matrice.

Universale a cominciare dall'arte paleocristiana, come ad esempio si vede nelle pitture cimiteriali di Domitilla, Callisto e Ciriaco a Roma, sui sarcofagi e nei mosaici di S. Apollinare Nuovo a Ravenna.

Nel manoscritto vaticano di *Cosma Indicopleuste* del VI secolo è indicato poi lo schema iconografico da seguire con la distribuzione dei vari soggetti in zone parallele che verrà adoperato durante tutto il periodo medioevale, sia in oriente che in occidente, in unica rappresentazione sempre sulla parete occidentale delle chiese con i seguenti elementi: Cristo in trono con gli Apostoli, la Madonna con S. Giovanni Battista come intercessori (la Deesis), la resurrezione dei morti, i patriarchi e i santi con le anime degli eletti, il fiume di fuoco che scende dal trono del Redentore sulle anime dannate. Due esempi significativi di tali rappresentazioni si trovano in S. Angelo in Formis e a Torcello (XI sec.)

Con poche modifiche questi schemi iconografici rimarranno sino ai giorni nostri, escludendo il *Giudizio Universale* di Michelangelo che per l'accentuata drammaticità si distacca dalle forme prefisse, presentando un Cristo giudice iroso, isolato in tutta la sua possanza in mezzo alla grandiosa apoteosi dell'umanità.

In Puglia le rappresentazioni del Giudizio Universale sono rare. Nel periodo tardo-medioevale la tematica è conosciuta a Soleto nella chiesa di San Pietro e a Brindisi in S. Maria del Casale, dipinto da Rinaldo da Taranto.

L'opera di Barnaba Zizzi si attiene nel suo complesso all'iconografia tradizionale come rappresentazione corale conforme alle intenzioni religiose indicate dal committente.

Il dipinto è concepito secondo la tripartizione tradizionale tra la sfera divina, la sfera degli eletti e quella dei penitenti e dannati (Purgatorio e Inferno).

Nella luce del cielo è raffigurato al centro il Cristo con l'aureola luminosa intorno al capo, seduto sull'arcobaleno a torso nudo con manto rosso ricadente dalla spalla sinistra, le braccia spalancate rivolte in alto e i piedi poggiati sul globo terrestre. L'arcobaleno esce da un cumulo di nuvole, simboleggiando il trono divino nel giorno del Giudizio (Matteo 26). Alla destra di Cristo la Madonna si eleva da una nuvola con la corona nella mano destra e lo scettro nella sinistra quale *Regina Coeli* che intercede per la salvezza dell'umanità. Essa è circondata da fitte schiere di cherubini che si perdono nel cielo e alcuni angeli ben visibili ai suoi piedi. Sulla sinistra del Redentore, più distaccato, si trova San Giovanni Battista di profilo, inginocchiato su una nuvola. Dietro la Deesis si dispongono, attorno al cielo luminoso dalla forma semicircolare e parallelamente, schiere di cherubini.

In alto, al di fuori del circolo angelico, ma pur sempre nella parte divina della sfera, si vedono alla sinistra dell'osservatore il Sole e alla destra la Luna, oscurati ormai dall'unica fonte di luce divina che emana da Cristo.

Davanti al globo tre angeli sorreggono il libro aperto della sacra scrittura, nella cui pagina sinistra si legge il passo di Daniele 7,10 «*Judicium sedit et libri aperti sunt*» (la corte si assise e i libri furono aperti), e su quella destra dell'Apocalisse 20,12 «*et iudicabuntur mortui: ex his quae scripta sunt in libris*» (in base a quanto si trovava scritto nei libri, ...vennero giudicati i morti). Più in basso del globo un angelo sorregge la croce in direzione di Cristo, simbolo della sua passione e redenzione dei peccati del mondo.

Nella seconda sfera, alquanto distaccata dalla Deesis, vediamo allineata in maniera corale semicircolare, molto movimentata, la schiera degli eletti, composta da Patriarchi, Apostoli, Evangelisti, Santi e Sante, Papi, religiosi, re, beati, tra i quali si possono ben individuare i quattro Evangelisti con i relativi libri, e alcuni Santi della devozione popolare pugliese quali S. Domenico, S. Vito, S. Antonio, S. Pietro, S. Paolo, S. Margherita, San Bartolomeo ed altri. In alto sulla destra si possono individuare dei Patriarchi, come pure la barca di Noè con il suo carico. La disposizione dei predetti personaggi è realizzata in piena libertà, senza un ordine prefissato, proprio secondo quanto raccomandato dal monaco pittore Dioniso da Phurna del monte Athos.

Sotto la schiera degli eletti vediamo numerosi angeli, fra i quali i *Sette angeli dell'Apocalisse* con le trombe rivolte verso il basso per annunciare le parole del Signore, riportate nel cartiglio sotto la croce: «*Surgite mortui, venite ad Iudicem*». Più in alto, a sinistra dell'osservatore, un altro angelo solleva con la mano destra un'anima redenta dal Purgatorio, mentre regge con la sinistra il cartiglio con la scritta salvifica «*venite benedicti Patris*» (Venite benedetti dal padre mio, Matteo 25,34). Altri angeli sono in procinto di aiutare le anime redente ad elevarsi verso il cielo.

Il Purgatorio è stato spesso rappresentato, come si è già esposto, nel corso del XVIII secolo in Puglia, specialmente nelle chiese dedicate alla Madonna del Soccorso.

Nel *Giudizio Universale* vediamo ancora sulla nostra destra un angelo che mostra il cartiglio di condanna con l'iscrizione «*Ite maledicti in ignem ad aeternum*» (Andate maledetti, nel fuoco eterno).

Al di sotto della croce si poggia un possente fiume di fuoco che delimita l'Inferno. Sulla parte superiore si stende un lungo serpente con le sette gobbe che simboleggiano i Sette peccati mortali. Più sotto, sul Mar Morto, si vedono le città Sodoma e Gomorra mentre vengono distrutte dal fuoco divino per la loro vita peccaminosa (Genesi 19,24, cfr. Matt. 10,15).

Il centro della terza sfera, in linea verticale con la figura di Cristo, è dominato dalla grande figura di Lucifero avvolto in un manto rosso fuoco con la corona di principe degli inferi sulla testa, il torso nudo e la gamba destra che fuoriesce dal manto. A prima vista dall'aspetto seducente, ma, osservato da vicino, con il serpente che fuoriesce dalla bocca spalancata, lascia trapelare tutte le forze nefaste del suo essere demoniaco, intento a lottare per sottrarre l'uomo alla salvezza, in contrapposizione col Salvatore.

La figura di Lucifero rimanda ad un racconto mitologico, ripreso dal profeta Isaia 14, ove si narra che originariamente nel Paradiso esisteva un arcangelo di nome Lucifero, Phosphoros, Eosphoros, portatore di luce, che, essendosi ribellato a Dio, era stato relegato assieme ad altri angeli ribelli nell'Inferno, divenendone il principe.

La contrapposizione di Cristo, sposo mistico della Chiesa, a Lucifero, principe del male, viene sottolineata dalla differente intensità del colore rosso che nelle sue tonalità esprime valori molto diversi. Il rosso quasi rosa del manto di Cristo rimanda all'amore e alla bontà, mentre quello infuocato e stridente di Lucifero al nefasto e alla dannazione.

Alla destra di Lucifero è rappresentato il Purgatorio con i corpi dei penitenti, delineati nelle loro forme ben visibili con le mani alzate in attesa di essere sollevati dagli angeli verso il cielo. Alla sua sinistra vediamo invece un angelo vestito in bianco con la spada fiammeggiante che spinge verso l'ingresso dell'inferno un uomo e una donna, nudi, ben delineati nelle loro forme, immagine che richiama al simbolo della cacciata di Adamo e di Eva dal paradiso terrestre. Nella retrostante cavità infernale le anime dannate si dileguano nel fuoco in un groviglio di corpi, senza possibilità di salvezza. Questa condanna eterna è confermata dalle parole riportate sulla nera cornice superiore della caverna: *Sempre - Mai - Eternità*.

Più in basso a sinistra è ben visibile la firma del pittore: *Barnabas Zizzi pinxit 1816*. Questa tela di Barnaba Zizzi appartiene senza dubbio al periodo della sua maturità artistica, adeguandosi ai contenuti teologici dettati dalla tradizione con la ripartizione in tre sfere: quella celeste, quella degli eletti e quella dei penitenti (Purgatorio/Inferno). Il tutto è racchiuso in un vivace racconto visivo che non eccede mai in esagerazioni drammatiche.

Le teste dei vari personaggi ricalcano tipologie tratte da modelli tardobarocchi, come reminiscenze barocche evidenti sono negli angeli con le trombe e i cartigli e nella miriade di cherubini. Alcune raffigurazioni come quelle di Lucifero, dell'arcangelo Michele con la spada fiammeggiante, del lungo fiume di fuoco con al di sopra il serpente, rivelano una elevata fantasia e intenso senso espressivo. La costruzione della coralità del quadro è eseguita con grande armonia ed essenzialità, trovando nella Deesis il suo punto culminante.

L'uso dei vari colori adoperati, dal rosa al rosso fuoco, dal bianco al giallo ocra, sfumanti progressivamente tramite pennellate morbide e fluenti, sfocia in

Fig. 79. Carovigno, Santa Maria del Carmine.

Fig. 80. BARNABA ZIZZI (attrib.), *Giudizio Universale*, Carovigno, Chiesa S. Maria del Carmine.

un cromatismo caldo e unitario. Il pittore non usa mai linee dure di contorno, ma riesce a realizzare scansioni di colori prevalentemente scarlatti, in effetti di chiaro-scuro che conferiscono plasticità e profondità alle figure e alle varie scene.

Le fonti di luce frontale risultano sempre proiettate verso le parti principali degli eventi raffigurati.

La maestria del pittore con le sue pennellate delicate, passate su una tavolozza di colori di tonalità basate prevalentemente sul rosso, approda ad effetti

Fig. 81. BARNABA ZIZZI (attrib.), Carovigno, *Giudizio Universale*, particolare.

Fig. 78. BARNABA ZIZZI, *Giudizio Universale*, S. Vito dei Normanni, Chiesa Matrice, part.

di tenebrismo, sottolineati da scansioni di chiaroscuro, che richiamano stilemi del Solimena e del Giaquinto, ma anche di altri maestri di fine Settecento napoletano.

La tela di San Vito dei Normanni riproduce nelle linee generali, ma sicuramente con maggiore maestria e ricercatezza innovatrice dello stile pittorico, un dipinto analogo, realizzato sicuramente dallo stesso Barnaba Zizzi in età giovanile, intorno al 1785, per il monastero dei Carmelitani di Carovigno, poi finito nella sagrestia dell'annessa Chiesa S. Maria del Carmine (fig. 79) sulla parete orientale, quando il Convento venne soppresso durante il periodo napoleonico. Purtroppo non è stato possibile riscontrare alcuna notizia al riguardo negli archivi del Convento di Carovigno. L'attività del pittore Barnaba Zizzi a Carovigno in quegli anni è però testimoniata d'altra parte dalla tela della *Madonna del Buon Consiglio*, una volta presente nella Chiesa Madre e poi purtroppo trafugata (cfr. p. 66).

La tela del *Giudizio Universale* a Carovigno, nella misura di 165x135 cm (fig. 80), pur presentando gli stessi registri di quella di San Vito, delle tre sfere parallele del Cristo-cielo, beati, penitenti nel Purgatorio e peccatori nell'Inferno, appare dipinta in maniera più semplificata, statica, quasi *naïf*, con raffigurazioni dei personaggi tutti allineati frontalmente, ben distinti l'uno dall'altro, singolarmente tratteggiati, suscitando a prima vista l'impressione di una pittura ingenua, infantile. Ciononostante, la rappresentazione osservata nell'insieme richiama un effetto piacevole, moderno e direi quasi rousseauiano, con una gamma cromatica di tonalità calde e variate, incentrate sui colori pastelli rosso-bruno e azzurro.

Tra gli indizi che riportano quest'opera al periodo giovanile di B. Zizzi si veda la figura del penitente in fase di redenzione, mentre viene sollevato dall'angelo soccorritore nella tela della *Madonna del Soccorso* nella chiesetta omonima a Cisternino e più tardi in quella della *Madonna del Purgatorio* nel Museo Diocesano di Brindisi, figura che del resto si ripeterà anche più tardi nel personaggio di Marte nella pittura mitologica di *Venere e Marte*.

Ulteriori conferme si possono trarre dalle somiglianze che hanno le figure dei vari personaggi, al primo posto Lucifero, poi Cristo, la Madonna, S. Giovanni ed altri (fig. 81).

Occorre rilevare, naturalmente, che a distanza di 30 anni la tecnica pittorica dell'artista mostra nel dipinto di San Vito dei Normanni una notevole evoluzione sia nello svolgimento dell'esecuzione che nella qualità pittorica.

Sarebbe certamente opportuno far riemergere con un adeguato restauro questa prima stesura del *Giudizio Universale* di Carovigno che, pur nella sua semplicità, riesce a rivelare in maniera realistica e gradevole tutti i componenti della più complessa versione successiva di San Vito dei Normanni.

PERIODO NEOCLASSICO

G. B. Piranesi, *Antiquus bivii viarum Appiae et Ardeatinae*, frontespizio delle antichità romane.

Quando Barnaba Zizzi frequentava da giovane la dovuta necessaria bottega di apprendistato, in Europa si era già inoltrato nella seconda metà del '700 il nuovo gusto artistico del neoclassicismo, per reazione contro il rococò, contro la fantasiosa irrazionalità in cui si dissolveva la tradizione barocca. Così Zizzi stava nei primi anni della sua attività di pittore sempre nella scia degli artisti che ormai da quasi due secoli ricercavano le fonti della classicità nel manierismo raffaellesco e michelangiolesco.

Verso la metà del Settecento erano gli studi archeologici rivolti alla riscoperta del Palatino, di Ercolano, di Pompei, della Villa Adriana, erano i disegni del Piranesi a qualificare il rinnovamento del linguaggio artistico. L'esigenza di un'arte nuova scaturiva anche dal razionalismo illuministico che si rifletteva nell'opera di architetti e urbanisti. Poi a Roma, centro d'incontro di studiosi, artisti, amatori d'arte e viaggiatori di tutta l'Europa, operava il più grande teorico del neoclassicismo, Johann Joachim Winckelmann, nato a Stendal in Prussia nel 1717 e morto a Trieste nel 1768, che «*nell'imitazione delle opere greche*» scorgeva «*l'unica via per divenire grande e, se possibile, inimitabile*». La sua prima opera era difatti *Pensieri sull'imitazione delle opere greche nella pittura e nella scultura*. Quest'opera racchiudeva la fondamentale formulazione teorica delle leggi neoclassiche tese a esaltare i valori estetici e metafisici del disegno bello e armonico.

Riporto alcune sue affermazioni fondamentali estratte da *Pensieri sull'imitazione dell'arte greca nella pittura* del 1755:

«L'imitazione del Bello della natura o si attiene ad un solo modello o è data dalle osservazioni fatte su vari modelli riuniti in un soggetto solo. Nel primo caso si fa una copia somigliante, un ritratto: è il modo che conduce alle forme e alle figure olandesi. Nel secondo caso invece si prende la via del bello universale e delle immagini ideali di questo bello; ed è questa la via che presero i greci. Ma la differenza fra i Greci e noi sta in questo: i Greci riuscirono a creare queste immagini, anche se non ispirate da corpi belli, per mezzo della continua occasione che avevano d'osservare il bello della natura la quale, invece, a noi non si mostra tutti i giorni e raramente si mostra come l'artista la vorrebbe»[33].

Estratto da *Monumenti antichi inediti* del 1767:

«Perciò gli artefici greci, volendo giungere a ritrarre nelle immagini ch'essi chiamavano di questa o quella divinità, il compimento dell'umana Bellezza cercarono di accordare col volto e con gli atti di esse una placidezza, che non avesse il minimo che d'alterazione e di perturbazione, che secondo la filosofia era anche impropria della natura e dello stato delle stesse divinità.

Le figure fatte con una tal compostezza esprimevano un equilibrio perfetto di sensazione, e questo solo ha potuto far apparire in volto al Genio che si conserva nella Villa Borghese, quella Bellezza della quale può dirsi che abbiamo in esso il prototipo. Ma siccome nell'operare non ha luogo l'indifferenza totale, così non potendo l'arte esentarsi dall'effigiare le deità con sensazioni ed affetti umani, dovette contentarsi di quel grado di Bellezza, che la deità operante potea mostrare. Perciò l'espressione sia pur quanto si vuole, non pertanto ell'è così bilanciata, che la Bellezza prepondera, ed è come il grave cembalo in un'orchestra, il quale dirige tutti gli altri strumenti, che sembrano affogarlo. Ciò appare in evidenza nel volto della statua dell'Apollo Vaticano, nel quale dovea esprimersi lo sdegno contro il drago Pitone ucciso dalle sue frecce, ed insieme il disprezzo di questa vittoria. Il savio scultore volendo formare il più bello degli dei, gli accennò lo sdegno dove i poeti dicono che risiede, cioè, nel naso, facendolo con le narici gonfie; e il disprezzo in quel labbro inferiore tirato su, col quale si innalza anche il mento; or non son queste due sensazioni capaci d'alterar la Bellezza? No; perché lo sguardo di questo Apollo è sereno, e la fronte è tutta placidezza»[34].

A Roma, poi, il giovane pittore tedesco Anton Raphael Mengs si unì a Winckelmann, trasformando le sue idee in pittura. Mengs, nato nel 1728 in Boemia, si era trasferito nel 1741 con il padre a Roma e sotto la cui ferrea disciplina dovette studiare la pittura di Raffaello presente nelle Stanze del Vaticano, applicandosi da mattina a sera con un pane e un fiasco di acqua. E forse fu proprio la severità del padre a far avvicinare Anton Raphael Mengs all'arte di Raffaello, a comprenderla e ammirarla. Ritornato poi a Dresda, fu nominato dal Re di Sassonia Augusto III nel 1745 *pittore da camera*.

Ben presto però, nel 1752, ritornò di nuovo a Roma, dedicandosi a dipingere i ritratti di Carlo III di Borbone e della sua famiglia, diverse tele di soggetto religioso e gli affreschi del Parnaso su incarico del Cardinale Alessandro

---

[33] JOHANN JOACHIM WINCKELMANN, *Pensieri sull'imitazione dell'arte greca nella pittura e nella scultura*, in *Il bello nell'arte*, tr. it. F. Pfister, Einaudi Torino, 1943.
[34] JOHANN JOACHIM WINCKELMANN, *Monumenti antichi inediti*, in *Il bello nell'arte*, tr. it. F. Pfister, Einaudi Torino, 1943.

Fig. 82. ANGELIKA KAUFFMANN, *Autoritratto con busto di Minerva*, 1780, Coira, Bündner Kunstmuseum. Il busto di Minerva è per Angelika simbolo della protezione divina per le arti e nello stesso tempo motivo di nostalgia per l'Antichità e *topos* di bellezza ideale.

Albani. Nello stesso anno 1761 fu poi invitato da Carlo III di Borbone che nel frattempo era passato dal trono di Napoli a quello di Madrid. Mengs, al seguito di Carlo III, raggiunse Madrid per affrescare insieme a Corrado Giaquinto e a Giambattista Tiepolo alcune stanze del Palazzo Reale.

La fervida amicizia intervenuta tra Mengs e Winckelmann si protrasse dal 1755 al 1762. Mengs ammirava l'eccezionale cultura del teorico e storico che sognava la bellezza pura dell'arte ellenica che secondo lui «*deve essere come l'acqua la più perfetta, attinta ad una sorgente, la quale tanto più salubre viene giudicata, quanto meno ha sapore*». Mengs però, avendo studiato a fondo anche la pittura rinascimentale italiana, pur riconoscendo la perfezione dell'arte greca, preso com'era dalle suggestioni ricevute, non poteva prescindere dagli elementi stilistici dell'arte di Raffaello. Prima di lasciare Roma per Madrid scrisse nel 1760 il famoso saggio *Pensieri sulla bellezza e il gusto* che, con dedica a Winckelmann, venne pubblicato a Zurigo nel 1762.

Quest'opera è divisa in tre parti. Nella prima si discerne sul concetto della Bellezza «*visibile idea della perfezione divina*»; nella seconda si parla del Gusto che «*determina la scelta del pittore, avvicinandosi alla perfezione, scegliendo dalla natura il meglio e il più utile e rigetta l'inutile, serbando l'essenziale di ogni cosa*». La terza parte si concentra sui tre grandi artisti del Rinascimento da lui ritenuti esemplari: Raffaello, Correggio e Tiziano, arrivando alla conclusione «*che il pittore deve imparare dagli antichi il Gusto della Bellezza: da Raffaello il Gusto della Espressione o della Significazione, da Correggio il Gusto del Dilettevole o dell'Armonia, da Tiziano il Gusto della Verità o del Colore*». Indubbiamente le idee di questi due teorici del Settecento, Winckelmann e Mengs, ottenevano prima a Roma e poi nel resto d'Europa un grande consenso e servivano da indirizzo nella produzione artistica del tempo.

Quando Goethe giunse nel 1786 a Roma, Winckelmann e Mengs erano già morti, ma le loro idee e teorie erano ancora radicate, sollecitando il poeta, che, accompagnato dall'amico pittore Tischbein, visitava i musei del Vaticano, le rovine di Tivoli, Paestum, Ercolano e Pompei.

A Roma Goethe veniva anche a contatto con la famosa pittrice Angelika Kauffmann (fig. 82), nata nel 1741 a Coira, in Svizzera.

La pittrice, dopo aver trascorso un lungo periodo a Londra, intervallato da viaggi in vari paesi d'Europa, guadagnandosi la vita con l'eseguire ritratti, dopo un primo breve matrimonio infelice a Londra, aveva poi sposato il pittore e incisore italiano Antonio Zucchi e si era definitivamente trasferita a Roma nel 1781. Quivi aveva acquistato il palazzo ove aveva abitato il famoso Anton Raphael Mengs in via Sistina 72 presso Trinità dei Monti, palazzo trasformatosi in breve tempo nel tempio delle muse, attirando nel suo rinomato atelier tutta l'aristocrazia romana e i numerosissimi viaggiatori europei che in quegli anni approdavano a Roma.

Nel 1782 Angelika fu chiamata alla Corte di Napoli per dipingere Re Ferdinando e la Regina Carolina e nello stesso tempo il famoso quadro di

Fig. 83. ANGELIKA KAUFFMANN, *Johann Wolfgang von Goethe*, 1787, Weimar, Goethe Nationalmuseum.

tutta la famiglia reale. Nonostante le ripetute insistenze della regina Carolina, Angelika Kauffmann non volle accettare l'allettante incarico di pittrice di corte, per non rinunciare alla sua autonomia e libertà a cui teneva molto. Del resto ella aveva già raggiunto un soddisfacente stato economico nell'eseguire i numerosissimi incarichi provenienti da una vasta clientela europea. Oltre a innumerevoli ritratti, tra cui anche quello di un Goethe giovanile (fig. 83), la vediamo intenta ad eseguire numerose tematiche mitologiche e di ambientazione storica, senza trascurare anche rappresentazioni religiose.

Angelika però non era soltanto la decima Musa dal pennello volante, com'era stata denominata negli ambienti romani, ma era una donna piena di generosità, pronta ad aiutare i giovani artisti che si accingevano ad affrontare con scarsi mezzi la non facile vita dell'artista. Dopo la morte del marito, avvenuta nel 1795, ella continuò a coltivare strette amicizie con vari artisti. Quando morì nel novembre del 1807, a seguito di un attacco febbrile, il suo funerale e la sepoltura avvennero nella Chiesa di S. Andrea delle Fratte, nei pressi della sua abitazione, dove aveva già trovato l'eterno riposo otto anni prima il marito Antonio Zucchi. I colleghi d'arte prepararono in suo onore, con enorme partecipazione della popolazione romana, una festosa cerimonia funebre come in Roma non s'era più vista dai tempi della morte di Raffaello. Ben 50 monaci cappuccini e altrettanti sacerdoti seguirono la bara preceduti dai due quadri, dipinti da lei, *Davide e Nathan* e *Cristo e la Samaritana alla fontana*, portati in processione accanto alla bara. In testa al corteo funebre erano i suoi più cari amici, gli scultori Antonio Canova e Carlo Albacini, come anche l'architetto Uggieri, mentre dietro di loro seguivano numerosi componenti della Accademia di S. Luca e molti suoi colleghi, nonché innumerevoli amici e membri laici ed ecclesiastici della vita culturale di Roma.

Nel periodo in cui Goethe si trovava a Roma, dal 1786 all'87, egli intratteneva una stretta amicizia con l'artista, visitando la domenica mattina assieme a lei i vari musei romani ed effettuando nel salone della sua casa letture di brani dalla *Ifigenia*.

Per Goethe Angelika Kauffmann rappresentava l'ideale dell'anima bella, ammirandola sia per la serietà artistica professionale che per la sua classicità vissuta nelle sue opere d'arte. Il motto di Winckelmann *"nobile semplicità d'anima e silenziosa grandezza"* trovò nei suoi quadri piena attuazione.

Arrivato a Roma, Goethe era già completamente immerso nell'ideale del classicismo, ma nella città eterna ebbe modo di perfezionare le sue conoscenze dell'antichità classica e della pittura italiana rinascimentale. Dall'amico pittore Tischbein, presente in quegli anni a Roma, il Goethe aveva sentito parlare dell'esistenza di un quadro, rappresentante la figura mitologica del Ganimede, attribuito a Raffaello. Vale la pena di riportare il racconto di Goethe trasmessoci nel *Viaggio in Italia* in data 18 novembre 1786 "in aggiunta":

«Ma io devo parlare ancora di un curioso quadro, molto discusso, che si vede sempre con piacere anche dopo le cose di maggior pregio.

Parecchi anni or sono dimorava a Roma un francese noto amatore d'arte e collezionista. Un bel giorno acquistò un affresco antico, non si sa da chi; lo fece restaurare dal Mengs e lo aggiunse alla sua collezione come un'opera di gran pregio. Il Winckelmann ne parla in qualche luogo con entusiasmo. Il quadro rappresenta Ganimede che porge una coppa di vino a Giove e ne riceve in cambio un bacio. Ed ecco che il francese muore

Fig. 84. RAPHAEL MENGS, *Ganimede*, 1758, Roma, Galleria Corsini.

e lascia il quadro, come antico, alla sua padrona di casa. Muore anche il Mengs, ma questi dichiara, sul suo letto di morte, che l'opera non è antica, perché l'ha dipinta egli stesso. Di qui controversie a non finire. Chi sostiene che il Mengs abbia buttato giù questo quadro per burla; qualche altro che il Mengs non abbia mai saputo fare qualche cosa simile, che l'opera, anzi, sarebbe troppo bella per Raffaello stesso.

Quanto a me l'ho vista ieri e devo dire che non conosco nulla di più bello della figura di Ganimede, specialmente il capo e la schiena; il resto è stato molto restaurato. Intanto il quadro è discreditato, e la povera donna non può trovare chi la alleggerisca del suo tesoro»[35].

Goethe rimase certamente colpito dalla raffigurazione di Ganimede (fig. 84) per la corrispondenza ideale con una sua lirica scritta ben dieci anni prima. Nella figura di Ganimede dipinta dal Mengs vedeva espressa visivamente l'allegoria dell'anima che tende a ricongiungersi con la divinità, evocata nella sua bellissima lirica che mi piace qui riportare:

GANIMEDE (1774)

Come nello splendore del mattino
Tutto intorno m'infiammi
Primavera, oh amata!
Con mille amorose delizie
Si stringe al mio cuore
Il tuo eterno calore
Arcano sentimento
Infinita bellezza!

Che io potessi cingerti
Con questo braccio!

Ahi, sul tuo petto
Io poso, mi struggo,
E i tuoi fiori, la tua erba
Al mio cuor si stringono.
Tu, dolce vento mattutino
Refrigerio apporti
Alla sete che m'arde nel petto!
A quel punto mi chiama
Dalla valle nebbiosa
L'amoroso usignolo

Io vengo, io vengo!
Ma dove? Ahi dove?

In alto! Si eleva al cielo
Ondeggian le nuvole
In giù si chinano le nubi
Del mio amore struggente.
A me! A me!
Nel vostro grembo
Verso l'alto!
Abbracciato t'abbraccio!
In alto
Sino al tuo petto
O amato padre!

(Traduzione di Angelo Semeraro)

---

[35] J. W. GOETHE, *Viaggio in Italia*, trad. da Eugenio Zaniboni, Vol. I, G.C. Sansoni, Firenze, p. 161.

È interessante rilevare come il dipinto di Ganimede sia diventato un tipico prototipo di una moda, iniziata con il Winckelmann, nata dalla passione per le opere dell'antichità, che induceva gli artisti a vere e proprie falsificazioni[36]. L'esempio del Mengs conferma anche la moda insorta in quel tempo di imitare senza grandi problemi opere dell'antichità classica e del rinascimento.

Occorre aggiungere che in questo periodo si diffondeva nelle opere artistiche, con nuovo slancio, la tematica della mitologia classica, imponendosi prima a Roma e poi di riflesso nelle altre città, sino ai piccoli centri. Questa moda si propagava anche nella provincia ove gli artisti venivano sollecitati sulla base di stampe, incisioni e libri che circolavano provenienti dalle accademie locali e dai ricchi signori che avevano le loro residenze principali a Roma o a Napoli.

Fig. 85. Latiano, *Palazzo di Piacentino De Electis*, disegno colorato di Enzo Scarafile.

Anche il nostro Barnaba Zizzi dovè adeguarsi a questa nuova corrente artistica quando fu chiamato attorno agli anni 1820 a decorare con opere pittoriche di argomenti mitologici il soffitto del Palazzo di Piacentino De Electis (fig. 85) a Latiano, per il quale in altra occasione aveva anche dipinto un ritratto.

[36] Il dipinto *Ganimede* (1758) si trova a Roma, Galleria Corsini.

Ritratto di Piacentino De Electis

Ricordiamo che questo personaggio, illustre avvocato, era legato da amicizia con il pittore, fungendo anche da padrino nel battesimo di una figlia e precisamente di Maria Piacentina. Il ritratto, della misura 75x62 cm, rappresenta il De Electis in vesti borghesi (fig. 86), stringendo il libro dei codici in mano.

Fig. 86. BARNABA ZIZZI (attrib.), *Ritratto Piacentino De Electis*, Latiano, Museo Ribezzi-Petrosillo.

Sappiamo anche che il De Electis, con lo pseudonimo di *Tito Liciense Pandec*, scrisse dei componimenti poetici. Ci piace ricordare alcuni titoli come il *Decasillabo in onore della vergine e martire S. Filomena; sulla tomba di S. Filomena, decasillabo; Il tempio della Gloria, sonetto* con dedica autografa alla figlia Bernardina e il foglietto autografo all'interno del libricino in cui l'autore esorta la figlia «*a disprezzare le cose mondane e i bassi piaceri*»[37].

---

[37] Pp. 8 coll. B1, fasc. 3, notizia gentilmente avuta dalla signora Vittoria Ribezzi.

Dipinti mitologici per il Palazzo De Electis

Intorno agli anni '20 era proprio Piacentino De Electis a commissionare a Barnaba Zizzi le tre grandi tele con temi mitologici in occasione delle nozze della figlia Bernadina con Angelo d'Alonzo. Queste tele ad olio su canapa distese su legno, erano destinate a decorare il soffitto del Salone nel Palazzo De Electis ove successivamente venne ad abitare la figlia Bernadina con il marito avvocato d'Alonzo. Di queste tre grandi tele ne sono rimaste due, mentre la terza, venduta ad ignoto al momento della rinnovazione del palazzo, non è riscontrabile. Non mi è stato nemmeno possibile venire a conoscenza del soggetto di detta tela. In rapporto alle due altre scene, *Diana Cacciatrice con le amazzoni* e *Venere e Vulcano*, si potrebbe presumere una scena con *Apollo sul cocchio.*

La tela *Diana Cacciatrice,* nella misura 97x114 cm, in buono stato di conservazione, si trova oggi in casa di Carlo Ribezzi a Ostuni, mentre *Venere e Vulcano*, recentemente restaurata egregiamente da Valentino De Sario di Oria, è in possesso della signora Rita d'Alonzo in Calò a Latiano.

Diana Italica Cacciatrice

Fig. 87. BARNABA ZIZZI, *Diana italica latina*, Ostuni, coll. Carlo Ribezzi.

Fig. 88. BARNABA ZIZZI, *Diana italica latina*, particolare, Diana sul cocchio.

La Diana corrispondente all'Artemide greca, protagonista della scena, è da riferire alla *Diana italica latina* (fig. 87), figlia di Giove e Latona, sorella gemella di Apollo, nata a Delo. Non avendo marito o compagno era stata considerata simbolo di verginità, castità e giovinezza eterna.

Diana italica latina rappresenta il tipo della ragazza selvaggia che si compiace soltanto della caccia. Come il fratello gemello Apollo è armata d'arco e freccia, per servirsene contro i cervi che insegue correndo, e anche contro gli umani. Tra le sue vittime figura il gigante Orione che aveva cercato di violentarla, per cui ella inviò uno scorpione contro di lui che lo punse e lo uccise.

Gli antichi interpretarono *Artemide-Diana* come una personificazione della luna che erra nelle montagne, mentre suo fratello *Apollo* veniva considerato come personificazione del sole. Diana era la protettrice delle ragazze e delle amazzoni, come lei guerriere e cacciatrici, indipendenti dalla tirannide dell'uomo. Secondo la leggenda, le amazzoni (*ammazzos* significa mammella) si univano a stranieri per perpetuare la stirpe, conservando soltanto le femmine, alle quali recidevano una mammella affinché non fossero impedite nell'uso dell'arco o nel maneggiare la lancia.

Ritornando alla scena (fig. 88) di Barnaba Zizzi, vediamo Diana seduta sul cocchio, nuda e avvolta alla vita da un leggero manto svolazzante, a cui è pure legata la faretra con le frecce. La gamba destra nuda è appoggiata sul cocchio mentre la sinistra è ricoperta dal manto, lasciando intravedere in basso il piede. Il braccio sinistro è proteso in avanti e con la mano regge l'arco, mentre il braccio destro, ripiegato verso l'alto, sorregge una conchiglia che simboleggia il mare illuminato dalla luna che resta appoggiata sui capelli di Diana, a sua volta anche Dea della luna, oltre che della caccia.

Lo scorpione raffigurato nel cielo nero della notte in posizione centrale, in un ovale circondato di perle, è in stretto rapporto con la storia di Orione. La leggenda astrale dei Greci narra che Artemide aveva fatto in modo che uno scorpione pungesse mortalmente il possente cacciatore Orione, così che entrambi furono, Orione e Scorpione, trasformati in costellazioni. In quel momento infatti nel cielo a oriente appare lo Scorpione, mentre Orione nel medesimo si sposta ad occidente, scomparendo all'orizzonte.

Le due amazzoni (fig. 89) tirano il cocchio e hanno ambedue l'arco con le frecce in mano in atto di scoccarle, mentre la faretra è situata dietro la schiena. Un'amazzone è rappresentata di lato e l'altra di dietro ed hanno abiti svolazzanti con pettinature complesse che ricordano quelle delle donne di Canova.

Fig. 89. BARNABA ZIZZI, *Diana italica latina*, particolare, le due amazzoni.

Fig. 90. ANTONIO CANOVA, *Ebe scultura*, Forlì, Pinacoteca Comunale.

Barnaba Zizzi aveva indubbiamente avuto modo di vedere opere scultoree del massimo interprete del neoclassicismo in Italia, Antonio Canova. Si potrebbe anche presumere che in occasione di scambi di visite tra i soci delle Arciconfraternite di Latiano e di Roma, il nostro pittore, anch'egli membro della stessa Arciconfraternita, si sia recato in questa città, prendendo contatto diretto con le opere artistiche del periodo neoclassico in special modo del Canova. Influenze che si rispecchieranno specialmente nel dipinto della Diana Italica Cacciatrice, ove traspare nella pittura il tipico carattere scultoreo canoveano. Ma in ogni caso il nostro pittore aveva certamente avuto la possibilità di vedere, tramite riproduzioni o stampe, i suoi disegni eseguiti in bianco su nero che proprio nelle famose *Danzatrici* dimostrano affinità con l'opera di cui parliamo (fig. 91).

Fig. 91. ANTONIO CANOVA, *Danzatrici*, particolare.

Se si paragona l'amazzone vista di spalla dello Zizzi con la scultura della graziosa *Ebe* (fig. 90) del Canova, si possono ben rilevare notevoli affinità nel modo di raffigurare l'acconciatura dei capelli, la piega sulla spalla nuda, i movimenti delle braccia, la conformazione delle pieghe del vestito legato alla vita e il movimento del corpo proteso in avanti.

L'idea di rappresentare su una barriera di nubi biancheggianti la scena mitologica con colori chiari leggermente ritoccati da colori pastello su fondo nero, proviene dall'insegnamento del Canova, che aveva tra l'altro realizzato in tale maniera una serie di tele con raffigurazioni di danzatrici.

Venere e Vulcano

La grande tela, nella misura di 103x207 cm (fig. 93), che ornava il soffitto del Palazzo d'Alonzo, reca in calce a sinistra la firma dell'autore *Barnabas Zizzi PIN^{BAT}* (pingebat). Si tratta di una raffigurazione ad olio composita che comprende le varie fasi dell'episodio dell'amore di Venere e Marte e dell'inganno teso al marito Vulcano. La storia viene narrata nel libro IV dei Fasti di Ovidio con sottile ironia, attribuendo il racconto a Leuconoe rivolto alle sorelle:

> *«Anche il Sole, che regola ogni cosa con la luce astrale,*
> *anche lui fu preso da amore: racconterò gli amori del Sole.*
> *Si pensa che questo dio fosse il primo a sapere dell'adulterio*
> *di Venere con Marte: è un dio che sa tutto per primo.*
> *S'indignò, e al marito, figlio di Giunone, rivelò*
> *il tradimento coniugale e il luogo del tradimento. A Vulcano*
> *cadde il cuore e dalle mani operose che lo stringevano cadde*
> *il suo lavoro. Senza perder tempo fabbrica ad arte catene*
> *di bronzo, reti e lacci così sottili da sfuggire alla vista:*
> *non c'era ordito, non c'era ragnatela appesa a una trave*
> *del soffitto che superasse quell'opera in trasparenza.*
> *E, disponendoli con maestria intorno al letto* (fig. 92), *fece in modo*
> *che scattassero al tocco più lieve e al minimo movimento.*
> *Quando la moglie e l'amante si unirono sul letto per amarsi,*
> *sorpresi dal marchingegno preparato con proprietà nuovissime*
> *dal marito, rimasero intrappolati nell'atto dell'amplesso.*
> *Il dio di Lemno allora spalancò di colpo la porta d'avorio*
> *e fece entrare gli dei: i due giacevano avvinti in posa*
> *vergognosa, e qualcuno dei numi meno severo s'augurò*
> *d'essere svergognato così: scoppiarono a ridere gli dei*
> *e in tutto il cielo questa storia passò di bocca in bocca per anni»*[38].

La narrazione che viene raffigurata da Barnaba Zizzi si riferisce ai momenti che precedono quanto narrato da Ovidio.

Al centro del quadro, tra l'officina di Vulcano e la Venere sdraiata su un

---

[38] PUBLIO OVIDIO NASONE, *Metamorfosi*, a cura di Mario Ramons, Garzanti, 1992.

Fig. 92. Zezon, *Venere e Marte*, litografia.

drappo azzurro scuro, posato sulle nuvole, attorniato da Cupido e Marte, nudo di spalla, mentre si avvicina all'amata, si vede, inginocchiato di spalla su una pedana rocciosa, Apollo, circondato da un alone luminoso che sottolinea la sua funzione di Dio del Sole, al corrente di ogni evento. Con la mano destra regge la corona d'alloro, divenuta suo attributo, dopo che la ninfa Daphne era stata tramutata in tale pianta per sfuggire al suo amore. Nella nostra raffigurazione lo vediamo mentre l'indice della sua mano sinistra comunica a Vulcano l'infe-

Fig. 93. Barnaba Zizzi, *Venere e Vulcano*, Latiano, collezione famiglia d'Alonzo.

Fig. 94. Barnaba Zizzi, *Venere e Marte*, part., la fucina di Vulcano, coll. d'Alonzo.

Fig. 95. Barnaba Zizzi, *Venere, Marte e Cupido*, particolare.

Fig. 96. BARNABA ZIZZI, particolare, le colombe di Venere.

deltà della moglie: Vulcano, dio del fuoco, sorpreso dalla notizia del tradimento, appare sconvolto, lasciando cadere il martello, mentre i tre ciclopi suoi aiutanti nella fucina forgiano con i martelli in maniera realistica il metallo sull'incudine (fig. 94). Vulcano porta come protezione un elmetto di metallo sulla testa. L'atteggiamento del volto piegato esprime in maniera efficace sorpresa e delusione alla notizia recatagli da Apollo. Sul fondo dell'officina, ma in alto, in mezzo ad una architettura appena tratteggiata, sono riuniti gli dei dell'Olimpo mentre osservano lo svolgimento dei fatti.

La scena è dominata dalla figura di Venere, dea della bellezza, nata secondo Omero dall'unione di Giove e Dione, mentre Esiodo sostiene che era nata dal mare quale figlia di Urano. La dea appare distesa su un ampio panno blu scuro, posto sulle nuvole, con il corpo nudo, con il seno e la parte inferiore del corpo avvolto da un velo chiaro attorcigliato. La gamba sinistra che sporge dal manto sottolinea l'atteggiamento di seduzione (fig. 93), confermato dallo sguardo d'intesa con Cupido, posto alle sue spalle mentre tiene sospesa la freccia con le due mani. Cupido sembra mettere in guardia Venere che, con la mano destra protesa verso l'officina di Vulcano, sembra voler chiedere se Vulcano si possa accorgere del suo tradimento. È da notare che anche Marte, già liberatosi dei vestiti e dell'armatura posati in basso, rivolge lo sguardo verso il luogo dell'officina di Vulcano, indicato da Venere.

Un ulteriore segnale di allarme è dato dalla presenza di un putto alato che reca nelle mani i simboli di Venere. Nella sinistra ha il pomo dorato donatole da Paride, che l'aveva prescelta come la più bella tra le dee, pomo divenuto poi pomo della discordia, mentre con la sinistra tiene al guinzaglio le redini di due colombe, simboli di Venere, quasi volessero implorare di stare attenta alle conseguenze di un tradimento. Le colombe, simboli di amore, mitezza e pace, erano sacre a Venere (fig. 96).

Il dipinto è stato eseguito con inusitata maestria ponendo particolare attenzione all'effetto che doveva produrre questa scena dall'alto del soffitto, illuminato da luce riflessa di finestra o da lumi o candele dopo il tramonto.

La fonte di luce si concentra sulle figure principali del racconto: Apollo, Venere, Cupido, Marte, le Colombe, il puttino alato, la mela dorata, mentre la fucina con Vulcano e i Ciclopi e l'Olimpo vengono avvolti in un'atmosfera tenebrosa a indicare un senso di mistero, in cui si sviluppa il dramma di gelosia del dio Vulcano.

La figura dominante di Venere ci appare nell'aspetto sensuale di una dama del tempo in cui fu realizzato il dipinto. I tratti naturalistici del viso e del corpo sono espressi in modo veritiero e realistico da un lato, dall'altro anche sensuale, morbido e accattivante.

La composizione essenziale e indovinata di questo dipinto costituisce un tipico esempio della nuova corrente neoclassicista che proprio nelle scene mitologiche lascia trasparire, dai personaggi rappresentati, sentimenti interiori e stati d'animo psicologici legati agli eventi del racconto. Da questo punto di vista questa tela dello Zizzi rappresenta una novità per la pittura pugliese all'inizio dell'Ottocento, non trovando, secondo le mie conoscenze, altri esempi rilevanti di questa epoca in Puglia.

Conclusione

Riscoprire un pittore come Barnaba Zizzi, da quasi duecento anni dimenticato, avvicinarsi alle sue opere artistiche dapprima con curiosità e poi con progressivo interesse e sincera ammirazione, esercitando un esame iconografico minuzioso e critico nello stesso tempo, interpretando con pazienza i numerosi attributi e simboli presenti nei suoi dipinti, è stata per me un'esperienza non solo avvincente, ma anche gratificante.

Esaminando l'evoluzione artistica del pittore che attraversa il periodo di transizione tra Sette e Ottocento, epoca in cui si è effettuato il passaggio dallo stile barocco-rococò a quello neoclassico, mi sono accorta che Barnaba Zizzi ha pur seguito le evoluzioni stilistiche in corso, ma sempre in modo che queste si adattassero ai vincoli della committenza, sia di quella chiesastica che privata. Il che veniva risolto eseguendo tematiche religiose che provenivano da schemi prestabiliti.

Per soddisfare nel modo migliore le più svariate richieste dei committenti, di certo conservatori, aderendo nello stesso tempo ai canoni nuovi che agitavano il mondo dell'arte, Barnaba Zizzi doveva possedere sicuramente una professionalità tecnica pittorica di complessa e notevole qualità.

Indubbiamente già da giovane manifestava una dote naturale per il disegno e una inclinazione per la pittura, ma la sua evoluzione artistica non poteva essere frutto di semplice abilità priva di qualsiasi scuola pittorica. È da presumere che ben presto Barnaba dovette lasciare il suo paese natio per aggregarsi ad una bottega pittorica onde maturare la sua formazione tecnica e artistica.

Dalle poche opere giovanili tramandateci, si può notare che egli doveva avere una capacità pronunciata di assorbire con facilità e versatilità le molteplici correnti artistiche del suo tempo, che poi ben presto riusciva a riutilizzare in una sua propria elaborazione.

Se si esaminano con attenzione i contenuti dei suoi dipinti commissionati, si scopre in tutto il suo operato la facoltà di trasformare in immagine visiva il racconto delle tematiche derivanti da fonti bibliche, Vangeli, vite dei Santi, mitologia. Egli dunque mostra una capacità inusuale di raccontare, in modo che l'osservatore possa facilmente seguire e comprendere gli avvenimenti rappresentati.

Nel ripercorrere i momenti più salienti del suo cammino di pittore, ho cercato di portare alla luce i valori artistici dei vari dipinti, non trascurando di evidenziare particolari che a prima vista oggi potrebbero sembrare di scarsa importanza come i numerosi attributi e simboli di cui sono ricchi i vari quadri. Ciò va anche inteso come chiara testimonianza del bagaglio culturale religioso e laico dell'artista e delle sue capacità di riprodurli visivamente con maestria.

Ma l'artista dimostra anche una tendenza poetica e una capacità incisiva nel mettere in stretto rapporto gli stati d'animo dei personaggi con essenziali accenni ad atmosfere della natura o del paesaggio. Un esempio nell'ovale di *Cristo porta la croce* nel SS. Sacramento della Chiesa Madre a Cisternino, dove sul cupo e oscuro fondale si vede in basso un paesaggio collinare illuminato da una luce chiara e gelida, che riflette lo stato d'animo intriso nel viso sofferente di Cristo, anch'egli pervaso da una luce chiara e fredda. Ma nononstante tutto, l'espressione del volto di Cristo denota ancora un senso di serenità.

Un altro esempio si trova nel dipinto della *S. Margherita* della Chiesa S. Antonio di Latiano. Mentre il paesaggio che si espande al di sopra della Santa è rischiarato dalla luce rosea del tramonto, la parte inferiore del quadro, dove si trovano il serpente e il drago, simboli del demonio, risulta piena di ombre e quasi oscura.

La maniera pittorica di Barnaba Zizzi si ispira prevalentemente, come già detto, alla pittura rinascimentale, ma il pittore passa subito a rielaborare le sue ispirazioni con interpretazioni personali non prive di suggestioni e soluzioni fuori dalla tradizione, come per esempio la figura di Cristo stante davanti al tavolo nell'affresco dell'*Ultima Cena* nella SS. Annunziata a Ostuni e a Cisternino; o la figura di Lucifero, opposta a Cristo Giudice nel *Giudizio Universale* della Chiesa Matrice S. Maria della Vittoria a San Vito dei Normanni; o il demonio che ingoia un peccatore non pentito, che lo fa apparire con una mezza testa e un occhio da uno spacco della sua pancia, nella *Madonna del Soccorso* del Museo Diocesano "G. Tarantini" a Brindisi.

Una particolare evoluzione si nota nel dipinto Vulcano e Venere, ove il pittore riesce ad operare compiutamente lo stilema del tenebrismo applicando una gamma di colori scuri sfumati progressivamente tramite pennellate morbide e fluide, creando effetti di chiaro-scuro anche con fasci di luci ultraterreni, conferendo in tal modo plasticità ai corpi dei vari personaggi e nello stesso tempo profondità prospettica. La scena viene pervasa da un'atmosfera misteriosa e quasi fiabesca.

Se, al termine di questa mia disamina critica e stilistica dell'opera di Barnaba Zizzi, faccio ripercorrere idealmente davanti ai miei occhi i suoi dipinti, devo dire che emerge senz'altro una caratteristica comune, cioè un costante senso di serenità e pacatezza, che viene trasmesso dai protagonisti delle raffigurazioni all'osservatore.

APPENDICE

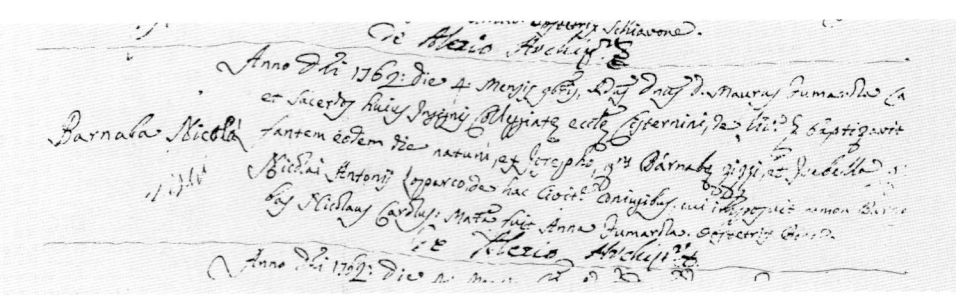

1. Copia dell'atto di nascita di Barnaba Zizzi.

2. Copia dell'atto di morte di Barnaba Zizzi.

3. Copia dell'atto del primo matrimonio con Maria Caterina Tomaselli.

4. Copia dell'atto del secondo matrimonio con Anna Rosa Nardelli.

5, 6, 7. Conti per esecuzione "machine" della Chiesa SS. Croce.

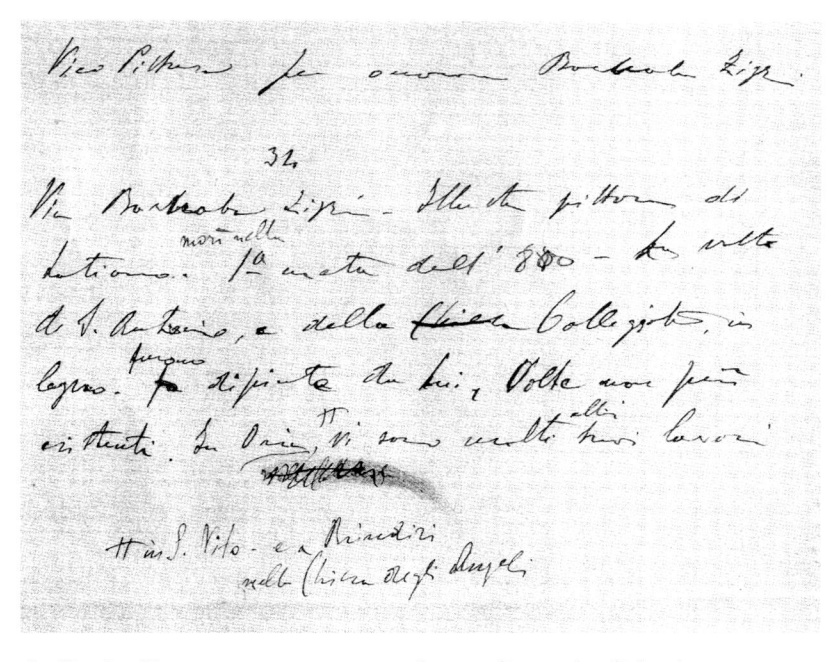

8. Copia di un progetto per un elenco di strade di Latiano, manoscritto del sindaco Benvenuto Ribezzi.

BIBLIOGRAFIA

ARGENTINA NICOLA, *Francesca Forleo Brajda, pittrice*, a cura di Feliciano Argentina, Schena Editore, Fasano 1987.

AA. VV., *Settecento Napoletano - Sulle ali dell'aquila imperiale 1707-1734*, Electa, Napoli 1994.

AA. VV., *La Chiesa di San Nicola a Cisternino* a cura di Raffaele Semeraro, Schena Editore, Fasano 2003.

BERLOCO TOMMASO, *Le Chiese di Altamura*, estratto da "Altamura", Bollettino dell'Archivio-Biblioteca-Museo Civico, n. 16, Grafischena, Fasano 1974.

BIEDERMANN HANS, *Enciclopedia dei simboli*, Garzanti, 1991.

La Chiesa del Purgatorio di Fasano, arte e devozione confraternale, a cura di Antonietta Latorre, Schena Editore, Fasano 1997.

CHIONNA ANTONIO, *Beni culturali di San Vito dei Normanni*, Schena Editore, Fasano 1988.

D'ELIA MICHELE, *La Pittura barocca*, in "La Puglia tra barocco e Rococò", Electa, Milano 1982.

DE DOMINICI BERNARDO, *Vite de' pittori, scultori e architetti napoletani*, MDCCXLII, voll. I, II, III in Napoli, Arnaldo Forni Editore, Bologna 1979.

FILOMENA ENZO, *Carovigno sacra e laica*, Arti Grafiche Pugliesi, Martina Franca 1987.

GIAQUINTO CORRADO, *Capolavori dalle Corti in Europa*, Milano, Edizione Charta, Firenze 1993.

GUASTELLA MASSIMO, GRECO LUIGI, *La Chiesa di Maria SS. Annunziata in Ostuni, Storia e Arte*, Schena Editore, Fasano 1998.

GUASTELLA MASSIMO, *La Madonna nella pittura del Cinque, Sei e Settecento con riferimento a Brindisi*, in *Virgo Beatissima, Interpretazioni mariane a Brindisi*, Brindisi 1990, p. 182.

GRECO LUIGI, *Storia di Mesagne in Età barocca*, vol. III, Schena Editore, Fasano 2001.

Intorno a Corrado Giaquinto - acquisizioni - donazioni - restauro, catalogo, a cura di Clara Gelao, Matera, Pinacoteca Provinciale, Bari 2004.

JACOBUS DE VARAGINE, *Legenda Aurea*, Verlag Jakob Hegner, Koeln 1969.

JURLARO ROSARIO, *Storia e Cultura dei Monumenti Brindisini*, Edizione Amici della "A. De Leo", 1976.

Lexikon der christlichen Ikonographie, Herder 1968.

Lexikon der Christlichen Ikonographie, Engelbert Kirschbaum, Herder 1994.

MALVA PINO, *Il Patrimonio Pittorico della basilica Cattedrale di Oria*, Italgrafica Edizioni, 2003.

MELCHERS ERNA UND HANS, *Das grosse Buch der Heiligen*, Exlibris Zuerich 1978.

MOHR GERD HEINZ, *Lexikon der Symbole*, Eugen Diedrichs Verlag, 1979.

Reclams Lexikon der Heiligen und biblischen Gestalten, Stuttgart 1970.

RIBEZZI PETROSILLO VITTORIA, CLAVICA FULGENZIO, *Guida di Francavilla Fontana*, 1995.

Sacra Bibbia, tradotta dai testi originali sotto la direzione del Rev. P. Bonaventura Mariani, Garzanti, Milano 1964.

OSTUNI SAVERIO, *Cisternino, Chiese, Riti, Antiche Tradizioni*, Edizioni Vivere In, 2000.

SEMERARO HERRMANN MARIALUISA, *Ignazio Ciaia, Poeta e martire della Rivoluzione Napoletana 1799*, Schena Editore, Fasano 1999.

Barnaba Zizzi, pittore di Cisternino tra Sette e Ottocento, in "Locorotondo" n. 18, Locorotondo 2002; ibidem n. 21, 2005, *Il Transito di S. Giuseppe di Barnaba Zizzi*.

Opus Barnabae Zizzi Cisterninensi, un enigma risolto, in "Il Punto", S. Vito dei Normanni 2002; ibidem *Il Giudizio Universale nella Chiesa Matrice a San Vito dei Normanni*, 2004.

SEMERARO RAFFAELE, *Cisternino storia arte tradizioni protagonisti*, Schena Editore, Fasano 2005.

SETTEMBRINI SALVATORE, *Il Culto del SS. Crocifisso a Latiano, Storia e Tradizione*, Latiano, 1996, Italgrafica Edizioni, Oria 1996.

SETTEMBRINI SALVATORE, *Sindaci, notai e famiglie feudatarie di Latiano*, Comune di Latiano, 2002, presso Neografica, Latiano.

INDICE DELLE ILLUSTRAZIONI

Fig. 1. Cisternino Panorama.
Fig. 2. Cisternino, Chiesa Madre.
Fig. 3. Antonio Domenico Carella, *La consegna delle chiavi a San Pietro*, Francavilla, Chiesa Madre.
Fig. 4. Diego Bianchi, *Ultima Cena*, Brindisi, Cattedrale.
Fig. 5. Diego Bianchi, *Ultima Cena*, part. S. Pietro, Brindisi, Cattedrale.
Fig. 6. Barnaba Zizzi, firma dell'autore nell'affresco dell'*Ultima Cena*, Ostuni SS. Annunziata, sacrestia.
Fig. 7. Cisternino, Porta Nord.
Fig. 8. Cisternino, Torre Capece.
Fig. 9. Cisternino, Torre Amati.
Fig. 10. Cisternino, Palazzo del Governatore.
Fig. 11. Cisternino, Torre Normanna.
Fig. 12. Cisternino, Chiesa Madre, veduta interna del 1937, prima dei successivi restauri.
Fig. 13. Luca Giordano (attrib.) *S. Pietro*, Cisternino, Chiesa Madre.
Fig. 13bis. Cfr. Luca Giordano, *Autoritratto*, Firenze, Galleria degli Uffizi.
Fig. 14. Luca Giordano (attrib.), *S. Paolo*, Cisternino, Chiesa Madre.
Fig. 15. Madonna di Costantinopoli, particolare *S. Caterina d'Alessandria*, Cisternino, Chiesa Madre.
Fig. 16. Ostuni, Chiesa della SS. Annunziata.
Fig. 17. Barnaba Zizzi, *Cristo davanti a Caifa*, Ostuni, SS. Annunziata, sagrestia.
Fig. 18. Barnaba Zizzi, *Cristo davanti a Pilato*, Ostuni, SS. Annunziata, sagrestia.
Fig. 19. Barnaba Zizzi, *Flagellazione di Cristo*, Ostuni, SS. Annunziata, sagrestia.
Fig. 20. Barnaba Zizzi, *Incoronazione di spine*, Ostuni, SS. Annunziata, sagrestia.
Fig. 21. Barnaba Zizzi, *Cristo porta la croce*, Ostuni, SS. Annunziata, sagrestia.
Fig. 22. Barnaba Zizzi, *Crocifissione*, Ostuni, SS. Annunziata, sagrestia.
Fig. 23. Barnaba Zizzi, *Ultima Cena*, Ostuni, SS. Annunziata, sagrestia.
Fig. 24. Giusto Gant (1641), *Ultima Cena*, Urbino, Palazzo Ducale.
Fig. 25. Barnaba Zizzi, cfr. 4 particolari S. Giovanni e Cristo di Ostuni e di Cisternino dell'*Ultima Cena*.
Fig. 26. Barnaba Zizzi, *Mater Salvatoris*, Ostuni, SS. Annunziata, sagrestia.
Fig. 27. Barnaba Zizzi, *Redemptor Mundi*, Ostuni, SS. Annunziata, sagrestia.
Fig. 28. Cisternino, Chiesa Madre, *Cappella SS. Sacramento*.
Fig. 29. Barnaba Zizzi (attrib.), *Ultima Cena*, Cisternino, Chiesa Madre, SS. Sacramento.
Fig. 29bis. Barnaba Zizzi, *Ultima Cena*, prima del restauro.
Fig. 30. Barnaba Zizzi (attrib.), *Il compianto su Cristo morto*, Cisternino, Chiesa Madre.
Fig. 30bis. Foto prima del restauro.
Fig. 31 Barnaba Zizzi (attrib.), particolare del *Compianto*, Maddalena, Cisternino, Chiesa Madre.
Fig. 32. Barnaba Zizzi (attrib.), *Compianto*, particolare Pietà, Cisternino, Chiesa Madre.
Fig. 33. Ignoto, *Pietà*, Molfetta, Chiesa S. Stefano.
Fig. 34. Nicola Porta, *Mosè nel Deserto*, Molfetta, Chiesa di S. Domenico.
Fig. 35. Barnaba Zizzi (attrib.), *Immacolata Concezione*, Cisternino, Chiesa Madre, SS. Sacramento.
Fig. 36. Cfr. Nicola Porta, *Immacolata Concezione*, Molfetta, Istituto S. Luigi, refettorio.
Fig. 37. Corrado Giaquinto, *Immacolata Concezione e il Profeta Elia*, Montefortino, Pinacoteca.
Fig. 38, Barnaba Zizzi (attrib.), *S. Giovanni Battista*, Cisternino, Chiesa Madre, SS. Sacramento.
Fig. 39. Barnaba Zizzi (attrib.), *Cristo Buon Pastore*, Cisternino, Chiesa Madre, SS. Sacramento.
Fig. 40. Barnaba Zizzi (attrib.), *Gesù al Getsemani*, Cisternino, Chiesa Madre, SS. Sacramento.
Fig. 41. Barnaba Zizzi (attrib.), *Flagellazione*, Cisternino, Chiesa Madre, SS. Sacramento.
Fig. 42. Barnaba Zizzi (attrib.), *Incoronazione di spine*, Cisternino, Chiesa Madre, SS. Sacramento.
Fig. 43. Barnaba Zizzi (attrib.), *Cristo porta la Croce*, Cisternino, Chiesa Madre, SS. Sacramento.
Fig. 44. Brindisi, Chiesa S. Maria degli Angeli.
Fig. 45. Barnaba Zizzi, *La Madonna delle Rose col Bambino tra S. Rosa da Lima e S. Francesco di Sales*, Brindisi, Chiesa S. Maria degli Angeli.

Fig. 46. Barnaba Zizzi, particolare *Madonna delle Rose col Bambino e Santa Rosa*.
Fig. 47. Barnaba Zizzi (attrib.), *SS. Quirico e Giulitta*, Cisternino, Chiesa Madre, sagrestia.
Fig. 48. Barnaba Zizzi (attrib.), *Maria del Buon Consiglio*, Carovigno, Chiesa Madre.
Fig. 49. Barnaba Zizzi (attrib.), *Maria del Buon Consiglio*, Ostuni, SS. Annunziata.
Fig. 50. Latiano, Palazzo Imperiali e Chiesa Nuova, disegno colorato di Enzo Scarafile.
Fig. 51. Latiano, Chiesa Matrice, S. Maria della Neve, disegno colorato di Enzo Scarafile.
Fig. 52. Oronzo Tiso (Lecce, 1726-1800), *Assunta*, Latiano, Chiesa Matrice, sagrestia.
Fig. 53. Vincenzo Filotico (Casalnovo, 1748-1834), *Sacra Famiglia*, Latiano, Chiesa Matrice, sagrestia.
Fig. 54. Diego Oronzo Bianchi, *Transito di S. Giuseppe*, Latiano, Chiesa Nuova.
Fig. 55. Latiano, Palazzo Imperiali e Chiesa Nuova.
Fig. 56. Latiano, Chiesa S. Antonio, disegno colorato di Enzo Scarafile.
Fig. 57. Barnaba Zizzi (attrib.), *Transito di S. Giuseppe*, Latiano, Chiesa di S. Antonio.
Fig. 58. Jean Louis Desprez (attrib.) Chiesa settecentesca di S. Giorgio a Locorotondo coll. Sen G. Giacovazzo.
Fig. 59. Barnaba Zizzi (attrib.), *Transito di S. Giuseppe*, Locorotondo, Chiesa di S. Giorgio, sagrestia.
Fig. 60. Domenico Antonio Carella, *Commiato di Enea da Didone*, Taranto, Palazzo Pantaleo.
Fig. 61. Nicola Porta, *Transito di S. Giuseppe*, Molfetta, Chiesa della Madonna dei Martiri.
Fig. 62. Corrado Giaquinto, *Transito di S. Giuseppe*, Ascoli Satriano, Cattedrale.
Fig. 63. Corrado Giaquinto, *La Trinità*, Bari, collezione privata.
Fig. 64. Barnaba Zizzi, *Madonna del Purgatorio*, Brindisi, Museo Diocesano "Giovanni Tarantini".
Fig. 65. Cisternino, Chiesa S. Maria del Soccorso.
Fig. 66. Barnaba Zizzi (attrib.), *Madonna del Soccorso*, Cisternino, Chiesa Madonna del Soccorso.
Fig. 67. Cfr. *Madonna del Purgatorio* di Brindisi e *Madonna del Soccorso* di Cisternino.
Fig. 67bis. Cfr. *Madonna del Soccorso* di Cisternino.
Fig. 68. Barnaba Zizzi (attrib.), *Lo stendardo della Arciconfraternita della Morte*, Latiano, Chiesa S. Antonio, sagrestia.
Fig. 69. Barnaba Zizzi (attrib.), *Lo stendardo*, facciata posteriore, Latiano, Chiesa S. Antonio, sagrestia.
Fig. 70. Barnaba Zizzi (attrib.), *S. Margherita o Marina*, Latiano, Chiesa S. Antonio, sagrestia.
Fig. 71. *Paliotto di Vilaseca*, Storia di S. Margherita, Vic, Museo Episcopale.
Fig. 72. Barnaba Zizzi (attrib.), *SS. Cosma e Damiano*, Latiano, Chiesa S. Antonio, sagrestia.
Fig. 73. Barnaba Zizzi (attrib.), *Madonna col Bambino*, Latiano, coll. privata Ribezzi-Petrosillo.
Fig. 74. Barnaba Zizzi (attrib.), *Sacro Cuore di Gesù Bambino*, Ostuni, coll. Carlo Ribezzi.
Fig. 75. Barnaba Zizzi (attrib.), *Cardinale Ruffo*, Latiano, Chiesa S. Antonio, sagrestia.
Fig. 76. Autore Ignoto, *Cardinale Ruffo*, Napoli, Museo Nazionale S. Martino.
Fig. 77. San Vito dei Normanni, Chiesa Matrice S. Maria della Vittoria.
Fig. 78. Barnaba Zizzi, *Giudizio Universale*, S. Vito dei Normanni, Chiesa Matrice.
Fig. 79. Carovigno, Santa Maria del Carmine.
Fig. 80. Barnaba Zizzi (attrib.), *Giudizio Universale*, Carovigno, Chiesa S. Maria del Carmine.
Fig. 81. Barnaba Zizzi (attrib.), *Giudizio Universale*, particolare.
Fig. 82. Angelika Kauffmann, *Autoritratto con busto di Minerva*, 1780, Coira, Bündner Kunstmuseum.
Fig. 83. Angelika Kauffmann, *Johann Wolfgang von Goethe 1787*, Weimar, Goethe Nationalmuseum.
Fig. 84. Raphael Mengs, *Ganimede*, 1758, Roma, Galleria Corsini.
Fig. 85. Latiano, *Palazzo di Piacentino De Electis*, disegno colorato di Enzo Scarafile.
Fig. 86. Barnaba Zizzi (attrib.), *Ritratto di Piacentino De Electis*, Latiano, Museo Ribezzi-Petrosillo.
Fig. 87. Barnaba Zizzi, *Diana italica latina*, Ostuni, coll. Carlo Ribezzi.
Fig. 88. Barnaba Zizzi, *Diana italica latina*, particolare, Diana sul cocchio.
Fig. 89. Barnaba Zizzi, *Diana italica latina*, particolare, le due amazzoni.
Fig. 90. Antonio Canova, *Ebe scultura*, Forlì, Pinacoteca Comunale.
Fig. 91. Antonio Canova, *Danzatrici*, particolare.
Fig. 92. Zezon, *Venere e Marte*, litografia.
Fig. 93. Barnaba Zizzi, *Venere e Vulcano*, Latiano, collezione famiglia d'Alonzo.
Fig. 94. Barnaba Zizzi, *Venere e Marte*, la fucina di Vulcano, particolare.
Fig. 95. Barnaba Zizzi, *Venere, Marte e Cupido*, particolare.
Fig. 96. Barnaba Zizzi, particolare, le colombe di Venere.

INDICE

Premessa . . . . Pag. 5

Nota introduttiva . . . . " 7

Introduzione . . . . " 11

PARTE PRIMA
Barnaba Zizzi a Cisternino

    Cisternino: anno di nascita e formazione . . . . . " 17

    SS. Pietro e Paolo . . . . " 25

    L'ORATORIO DELLA CHIESA SS. ANNUNZIATA DI OSTUNI. . . . " 33

        I sei medaglioni della Passione . . . . " 34

        L'Ultima Cena . . . . " 38

    I DIPINTI DEL SS. SACRAMENTO NELLA CHIESA MADRE DI CISTERNINO . " 43

        L'Ultima Cena . . . . " 44

        Il compianto su Cristo Morto . . . . " 47

        I sette medaglioni della Vita e Passione di Cristo
        attribuiti a Barnaba Zizzi . . . . " 52

    La Madonna delle Rose col Bambino
    tra Santa Rosa da Lima e San Francesco di Sales
    in Santa Maria degli Angeli a Brindisi . . . . . . " 60

    SS. Quirico e Giulitta . . . . " 65

PARTE SECONDA
Barnaba Zizzi a Latiano

    LATIANO - FAMIGLIA E OPERE . . . . " 71

        Il Transito di S. Giuseppe . . . . " 78

        La Madonna del Purgatorio. . . . . " 84

        Lo stendardo dell'Arciconfraternita della Morte. . . . " 91

        Santa Margherita o Marina . . . . " 98

        SS. Cosma e Damiano . . . . " 101

        La Madonna col Bambino . . . . " 104

        Sacro Cuore di Gesù Bambino. . . . . " 105

        Ritratto del Cardinale Ruffo . . . . " 107

        Giudizio Universale . . . . " 108

PERIODO NEOCLASSICO . . . . Pag. 116
    Ritratto di Piacentino De Electis . . . . " 124
    Dipinti mitologici per il Palazzo De Electis . . . . . . " 125
        Diana Italica Cacciatrice . . . . " 125
        Venere e Vulcano . . . . " 128

Conclusione . . . . " 134

Bibliografia . . . . " 138

Indice delle illustrazioni . . . . " 139

Desidero ringraziare di vero cuore quanti mi hanno invogliato alla realizzazione di questa monografia, dandomi consigli preziosi e utili suggerimenti:

    Salvatore Settembrini
    Vittoria e Vittorio Ribezzi-Petrosillo
    Rita Caforio
    Carlo Ribezzi
    Leopoldo Calò
    Fernando Marchese
    Giacomo Carito
    Rosario Jurlaro
    Marisa e Pompeo Braccio
    Clara Gelao
    Vittorio Savona
    Massimo Guastella
    Cetty Muscolino
    Angelo Semeraro
    Raffaele Semeraro
    Giuseppe Giacovazzo
    Mario Luigi Convertini
    Don Saverio Ostuni
    Don Carmelo Semeraro
    Don Lorenzo Renna
    Don Piero Calamo
    Don Antonio Chionna
    Don Giovanni Calò
    Gianni Monaco
    Franco Basile
    Quirico D'Errico
    Maria e Giovanni Ciccimarra

Infine desidero ringraziare l'editrice Angela Schena e i suoi preziosi collaboratori: Cosimo Iasiello, Anna Pugliese, Vito De Pascalis e Mario Rosato.

Finito di stampare
nel mese di giugno 2005
dalla Grafischena S.r.l.
per conto di Schena Editore
Fasano di Brindisi